KB266171

마흔에 읽는   한국사

마흔에 읽는 한국사

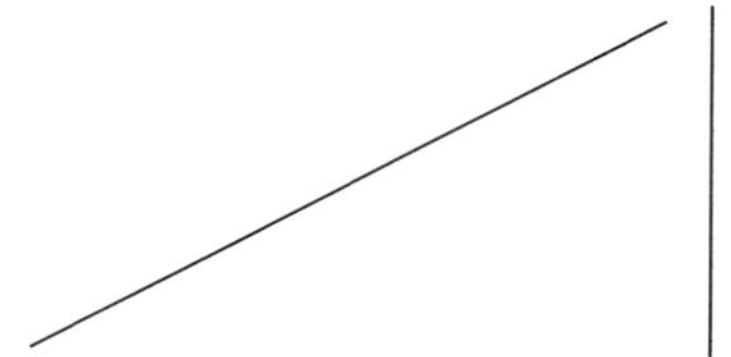

일생에 한번은 만나야 할
역사 인물 30

신동욱 지음

"불혹, 세상일에 미혹되지 않는다"

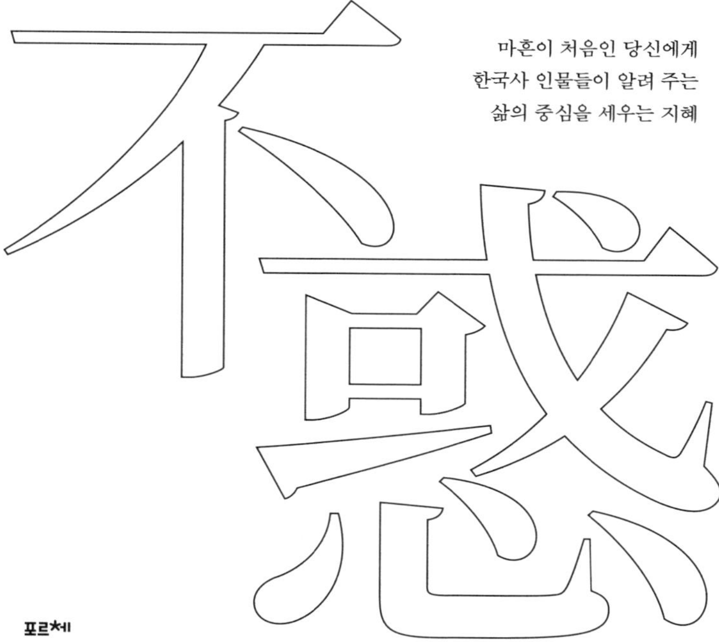

마흔이 처음인 당신에게
한국사 인물들이 알려 주는
삶의 중심을 세우는 지혜

포르체

산을 좋아하고 동경하는 한 사람이 있었다.

10대 시절, 가 본 적 없지만 전 세계 멋진 산들의 풍경 사진을 보며 꿈을 키웠다. 세상의 모든 산을 오르겠다는, 무한한 가능성이 찬란하게 빛나던 시절이었다. 20대가 되자, 조금씩 구체적인 목표를 하나둘 세워 보기 시작했다. 저 산에 오르려면 어떤 길로 올라야 할지, 필요한 장비는 무엇인지, 어떤 준비가 필요한지 고민하며 현실 속에서 꿈을 다듬었다. 30대가 되어 본격적인 산행을 시작했다. 처음 겪는 산이라 서툴고, 꼬불꼬불한 길을 돌 때면 당혹스럽기도 했다. 그래도 이제 막 산에 오르기 시작했을 뿐이기에, 정상을 향한 열정은 여전했다.

그리고 어느덧 40대. 내 곁에는 가족이라는 이름의 동반자도 함께한다. 앞만 보며 열심히 올라온 지난날, 드디어 산 중턱에 이르렀다. 이만하면 목표 지점에 꽤 닿지 않았을까 하는 안도감도 잠시, 산 정상은 여전히 보이지 않는다. 불현듯 불안감이 엄습해 온다.

'내가 가는 이 길이 정말 맞는 걸까?'
'혹시라도 길을 잃어버리는 것은 아닐까?'
'지금이라도 다른 길을 택할 수 있을까?'
'그런데 되돌아가기엔 너무 멀리 와 버린 건 아닐까?'

마음이 어지럽다. 정상은 여전히 멀게만 느껴지고, 밤새 걸어도 지치지 않던 체력도 이제 예전 같지 않다. 곁에 있는 동반자에 대한 책임감은 마음을 더욱 무겁게 짓누른다. 무엇보다 지치게 하는 건, 지금껏 최선이라 믿고 걸어온 이 길이 맞는지 드는 의심이다. 이런 고민은 마흔의 나이를 넘어서며 점점 더 깊어진다.

인생은 산을 오르는 여정과도 같다. 많은 이들이 마흔 무렵이면 산 중턱 어딘가에 다다른다. 정상은 아직 보이지 않고, 그렇다고 되돌아가기에도 애매한 그 어디쯤. 이 나이가 되면 누구나 각자의 고민이 시작된다. 경제적인 고민, 커리어에 대한 고민, 노후에 대한 고민, 어느덧 늙어 버리신 부모님 부양에 대한 고민, 하루가 다르게 커 가는 자녀에 대한 고민… 수많은 고민이 마음을 짓누른다. 이러한 고민들은 결국, '지금 내가 제대로 살아가고 있는가?'라는 질문으로 귀결된다.

이럴 때 누군가의 도움을 구하는 것은 전혀 부끄러운 일이 아니다. 오히려 꼭 필요한 일이다. 히말라야 등반자들을 안내하는 사람들을 '셰르파'라고 부른다. 그들은 등반자가 길을 잃지 않도록 이끌고, 짐을 나눠 들어 주기도 하며 든든한 힘이 되어 준다. 우리 인생에도 셰르파가 필요하다. 부모님이나 선생님, 나에 대해 속속들이 잘 아는 친구도 좋지만, 그들 못지않게 훌륭한 조언을 줄 수 있는 셰르파가 있다. 우리 역사 속 인물들이다.

그들은 단순히 과거의 인물이 아니다. 우리보다 앞서서 자신들의 인생을 살았고, 이제 그 삶을 통해 오늘을 살아가는 우리에게 '어떻게 살아야 할지' 보여 주는 길라잡이이다. 나보다 앞선 시대를 살며 인생이라는 험준한 산을 먼저 올랐던 이들이기에, 그들이 삶으로 보여 주는 생생한 조언은 나의 판단에 큰 도움을 줄 수 있다. 갈림길에서 어떤 선택을 했는지, 무리한 시도의 결과는 어땠는지, 마침내 산 정상에 이를 수 있었던 비결은 무엇인지, 그들의 선택과 실수, 그리고 성취는 우리가 산을 오르는 여정에서 훌륭한 나침반이 된다.

마흔에 이른 지금, 역사 속 인물들의 삶을 들여다보고자 하는 이유가 여기에 있다. 그들의 삶을 공부하는 것은 단순히 역사 지식 습득에 있는 것이 아니라, 더 나은 인생을 살아가기 위한 연습이자 실전이다. 그들의 이야기를 통해 우리는 버티는 법을 배우고, 다시 나아가는 힘을 얻을 수 있다.

  역사 인물들의 삶에서 배울 수 있는 또 다른 교훈이 있다. 산은 오르기만 하는 곳이 아니라, 언젠가는 내려와야 하는 곳이기도 하다는 사실이다. 힘든 여정을 통해 마침내 정상에 오른 뒤에는, 그 환희와 성취를 잠시 누리고서 다시 내려올 준비를 해야 한다. 인생도 마찬가지다. 정상에 오른 뒤에도 우리의 삶은 계속된다. 내리막길에서 잘 내려가는 것 역시 인생의 중요한 일부다. 인생이라는 산을 멋지게 올랐을 뿐만 아니라 잘 내려왔던 역사 인물들의 삶 속에서 인생 전반에 대한 통찰을 배울 수 있어야 한다. 혹은 정상에 이르지 못했더라도 산 중턱에서 지혜롭게 내려와 평탄한 삶을 누렸던 인물들에게도 분명히 배울 점들이 있다.

  지금도 열심히 산을 오르고 있는 당신, 이제 어디쯤 와 있는가. 순조롭게 정상을 향해 가는 사람도 있을 테고, 혹은 기상 악화나 예상치 못한 부상으로 중도에 내려와야 했던 사람도 있을 것이다. 그러나 지금까지 최선을 다해 왔다는 사실만으로도 우리는 이미 충분히 훌륭한 인생을 살았고, 또 살아가고 있다. 어쩌면 인생을 잘 산다는 것은, 얼마나 높이 올라갔는지가 아니라 어떤 마음으로 오르고, 어떤 자세로 내려오는가에 달려 있는지도 모른다. 우리가 위인이라 부르는 이들 역시 그 모두가 정상까지 올랐던 것은 아니다. 그들이 역사에 이름을 남긴 이유는 단 한 가지, 각자 나름의 방식으로 자신의 삶을 최선을 다해 살아 냈기 때문이다. 우리의 삶도 역시 그러하기를 바란다.

20대에는 서툴러서 힘들었고, 30대에는 앞날에 대한 막연한 두려움 때문에 힘들었으며, 이제 40대가 되니 어느 날 불쑥 더해진 삶의 무게가 너무 무겁게 느껴져서 힘들다. 지금껏 그저 열심히 살아왔을 뿐인데, 어느덧 불혹의 나이에 이르러 새로운 고민들과 마주한 이 땅의 수많은 40대에게 이 책이 조금이나마 위로가 되고 도움이 되는 글이기를 바란다. '나만 힘든 게 아니었구나' 하는 공감을 줄 수 있기를 바란다. 그리고 꼭 40대가 아니더라도 이 책을 통해 삶의 위로를 얻고, 역사를 알아가는 재미도 조금이나마 느낄 수 있다면 그것 또한 참 감사한 일이겠다.

나 역시 40대를 살아가는 동지로서, 저마다 자신의 산을 오르며 애쓰고 있는 우리 모두의 여정에 건투를 빈다.

목차

제1장

나를 잘 다스리기 위해

감정에 치우쳐 말하지 말 것

> "
>
> 논리보다 중요한 것은 타인의
> 감정을 헤아릴 줄 아는 지혜다.
>
> "

성명	이융(연산군)
생애	1476~1506 (조선)
경력	조선 제10대 국왕
주요 이력	강력한 전제왕권을 추구하는 과정에서 신하들과 갈등을 겪음. 두 차례의 사화를 일으키며 공포정치를 시행하였으나, 조선 최초로 신하들에 의해 쫓겨나는 임금이 됨.

연산군이 폭군으로 불린 이유

조선의 폭군이라 하면, 아마도 연산군을 가장 먼저 떠올릴 것이다. '흥청망청'[1]이라는 말이 생길 정도로 무절제한 향락을 탐닉한 것이나 어머니 폐비 윤씨의 죽음에 대한 복수심으로 수많은 신하들을 죽였다는 사실 때문이다. 그러나 연산군이 폭군이 된 이유가 오로지 비극적인 가정사나 그의 무분별한 방종 때문만은 아니다. 더 근본적인 이유는 전제 왕권을 구축하려 한 연산군과 유교적 이상 정치를 추구한 신하들과의 충돌에 있었다. 그리고 그 과정에서 누적된 갈등과 분노는 연산군을 점점 폭군의 길로 이끌었다.

특히 주목할 점은, 이런 갈등이 서로에게 던진 선 넘는 '말 폭탄'으로 인해 더 예기치 않은 방향으로 격화되고는 했다는 점이다. 폭정의 대명사가 되고 말았지만, 사실 연산군도 즉위 초부터 그렇게 막나가는 임금은 아니었고 오히려 성군으로서의 자질을 보이기도 했다. 하지만 신하들과 감정적인 말다툼을 계속해서 벌이며 점점 폭군의 모습으로 변해 가는 연산군을 보면, 감정에 치우친 말이 결국 나 자신을 갉아먹을 뿐이라는 사실을 깨닫게 한다. 우리 삶도 마찬가지

---

1 연산군이 연회를 즐기는 데 필요한 미모의 기생들을 뽑아 궁궐에 들였는데 이들을 '흥청(興淸)'이라 불렀고, 연산군 폐위 이후 흥청이 연산군을 망치는 '망청(亡淸)'이 되었다고 불렀다는 데서 유래한 말. '흥에 겨워 마음대로 즐기는 모양', '돈이나 물건 따위를 마구 쓰는 모양'을 뜻함.

다. 직장과 가정, 인간관계 속에서 불쑥 튀어나온 말 한마디가 관계를 멀어지게 하고, 그 여진은 오래 남는다. 연산군의 이야기는, 감정에 휩싸인 말 한마디가 나 자신을 곤란한 상황에 놓이게 만들 수 있다는 교훈을 전한다.

신하들의 말실수

연산군의 아버지 성종은 조정을 장악한 기득권 훈구 세력을 견제하기 위해, 사림 세력[2]을 중용했다. 성리학 이념에 기반해 왕도 정치(王道政治)를 주장했던 사림은, 훈구뿐만 아니라 임금에게도 거침없이 바른말을 했다. 왕도 정치에 입각한 성군이 되기를 바랐던 성종은 그들의 가감 없는 의견도 함부로 내치지 않고 끝까지 경청하고자 했다. 문제는 그 아들 연산군이 성종과는 달라도 너무 달랐다는 사실이다. 천하 지존인 임금 앞에서 거리낌 없이 사사건건 '아니 되옵니다'를 외치며 통제하려 드는 사림이 연산군에게는 눈엣가시였다.

---

2 훈구(勳舊)는 조선 전기 여러 차례 공신에 책봉되어 고위 관직과 경제적 이권을 누리면서 지배층을 형성하여 기득권화된 정치 집단이며, 사림(士林)은 성리학적 도덕 정치와 향촌 자치를 중시하였고 훈구파의 부패를 비판하며 15세기 이후 조선 중앙 정계를 주도한 정치 집단이었음.

연산군

　연산군은 신하들의 직언에 고분고분하지 않았고 늘 타협이란 없다는 자세로 나오니 신하들도 더 강하게 주장을 내세우곤 했다. 그러다 보니 신하들도 불필요한 말실수를 하는 바람에 갈등이 더 격하게 고조되기도 했다. 이런 대립은 성종이 승하하고 연산군이 즉위한 직후부터 시작되었다. 연산군은 성종의 장례식 때 불교식 천도재인 수륙재를 거행할 것을 명한다. 사실 연산군이 불교를 신봉해서는 아니고, 그저 옛 관행대로 명령했을 뿐이었다. 하지만 성리학 이념에 충만해 있던 신하들은 유교 국가에서 불교 예식을 거행할 수 없고, 성종도 불교를 배척했다는 점을 들며 수륙재를 반대하고 나선다. 연산군도 지지 않고 맞선다. 왕실의 관례였던 수륙재가 중단된 적이 단 한 번도 없었고, 성종도 이를 금하라는 유언을 남긴 적 없었다는 것이 근거였다.

　이런 상황에서 한 성균관 유생이 올린 상소가 큰 파장을 부른다. 수륙재 반대 이유를 여럿 열거했는데 그중에는 연산군의 심기를 크게 건드릴 만한 내용도 담겨 있었다. 연산군의 증조할아버지인 세조가 불교에 빠진 탓에 10여 년밖에 왕위에 있지 못했고 반란으로 고초를 겪었다는 주장이었다. 감히 자신의 선왕을 모욕하는 듯한 이 말에 격분한 연산군은 그 유생을 중죄인으로 신문하라고 명한다. 그 유생은 굳이 할 필요 없는 말까지 덧붙여서 연산군의 감정을 건드리고 논쟁을 악화시킨 것이다. 노사신이라는 신하를 탄핵하는 과정에서도 비슷한 일이 있었다. 노사신에게 반감을 갖고 있던 한 신하가 그를 비판하면서 이렇게 말한다.

"춘추(春秋)의 법을 말하면 노사신의 죄는 비록 극형(極刑)에 처해도 도리어 부족하옵니다. 신 등은 그의 살덩이를 씹고 싶습니다!"[3]

왕인 자신 앞에서 다른 신하에 대해 "그의 살덩이를 씹고 싶습니다!"라고 극언하는 모습에 연산군은 분노한다. 그런 극언을 아무 거리낌 없이 하는 것은 왕에 대한 공경이 없기 때문이라 여긴 것이다. 설득력을 얻기는커녕 분란만 더 일으킨 또 하나의 사례였다고 볼 수 있다.

연산군의 말실수

자기주장을 강하게 어필하려다 감정에 휩싸여 말실수하는 건 신하들만 그런 것이 아니었다. 연산군 또한 그런 적이 한두 번이 아니었다. 한번은 최말동이라는 상인이 죄를 저지르고 감옥에 갇혔는데, 연산군이 특별한 이유 없이 그를 풀어 주라 명한다. 법과 절차에 따라 신문하는 것이 옳다는 신하들에게 이렇게 답한다.

---

[3] 《조선왕조실록》, 〈연산군일기〉, 연산 3년 7월 21일.

"만약 임금이 있다고 여기면 내 말을 따를 것이요, 만약에 임금이 없다고 여기면 네 생각대로 하라. 군상(君上)이 말한 바를 만약 청종 (聽從)하지 않는다면 아비도 없고 임금도 없는 이적(夷狄)과 무엇이 다르겠느냐."[4]

자신의 말을 안 들으면 아비도 없고 임금도 없는 오랑캐라며 비아 냥거린 것이다. 이에 수치심을 느낀 신하들이 관직을 내려놓겠다며 반발하는 해프닝이 벌어진다. 또 연산군이 첫아들을 얻자 너무 기쁜 나머지 모든 신하들의 관직을 올려 주라 명한 일도 있었다. 한 번쯤 조직 생활을 해 본 사람이라면 이것이 얼마나 황당한 지시인지 알 것이다. 회장님이 너무 기분 좋아, 사장부터 말단 사원까지 모두 직 급을 올리라고 지시한다면 어떤 일이 벌어질지 상상해 보자. 당연히 신하들이 반대하고 나서자, 연산군은 "차라리 원자가 없는 게 더 낫 다고 여겨서 그러는 것이냐."며 황당한 궤변을 내뱉는다.

서로 자신의 주장을 굽히지 않으려고 그 주장을 더 강하게 내세우 다 보니 하지 않아도 될 말까지 하는 경우가 종종 있다. 그러다 보면 서로의 감정만 격화돼 어느새 처음의 이슈는 증발하고 악감정만 남 아 버리는 경우가 있는데, 이것이 바로 연산군 초기 치세 때의 모습

4　《조선왕조실록》, 〈연산군일기〉, 연산 4년 5월 23일.

이었다. 나중에는 그런 과정조차 증발되고, 그저 폭압적으로 신하들을 탄압하는 공포정치가 시행되었다. 수많은 신하들이 목숨을 잃었던 무오사화(戊午士禍)[5]와 갑자사화(甲子士禍)[6]가 그것이다. 그리고 종국에는 연산군 자신도 신하들의 반란으로 왕위에서 쫓겨나며 배드엔딩으로 끝나고 만다.

말의 힘을 기억하라

연산군 이야기는 올바른 소통 방법에 대해 많은 시사점을 준다. 인간은 다른 이들과 함께 어울려 살아가는 사회적 동물이며, 그 과정에서 소통은 필수적이다. 직장에서든, 집에서든, 친구와 대화를 나눌 때든 우리 삶의 상당 부분은 소통으로 채워진다. 그렇기에 소통을 위한 말하기는 매우 중요하다. 나의 주장을 관철시키고 상대방을 내 말대로 따르도록 하겠다는 의지가 너무 과한 나머지 상대의 감정을 건드리며 불필요한 오해나 반발을 부르는 실수는 하지 않도록 항

---

5 1498년(연산군 4년) 훈구파가 사림파를 대대적으로 숙청한 사건으로 조선 최초의 사화. 사관의 역사 기록인 사초(史草)가 원인이 되었다 하여 무오사화(戊午史禍)라고도 함.

6 1504년(연산군 10년) 연산군이 생모인 폐비 윤씨의 죽음과 관련된 진상을 알게 된 후 관련 인물들과 그 가족들까지 가혹하게 처벌한 사건.

연산군

상 주의해야 한다. 연산군과 신하들 간의 날 선 대화에서 그랬듯이, 상대의 감정을 함부로 건드리는 말다툼은 문제 해결에 아무 도움도 되지 않을 뿐더러 마음의 문을 닫게 만들고 완전히 소통을 단절시켜 버릴 수도 있기 때문이다.

40대는 직장이나 가정에서의 책임이 커지고 사람들과의 관계에서 중심을 잡아야 하는 시기다. 그만큼 말의 무게도 커진다. 감정에 치우쳐 던진 말 한마디가 내가 몸담고 있는 조직의 팀워크를 흔들고, 내 가정을 무너뜨릴 수도 있다. 논리보다 중요한 것은 타인의 감정을 헤아릴 줄 아는 지혜다. 감정이 올라올 때 말이 먼저 튀어나오는 순간이 가장 위험하다는 사실을, 상황을 조율하는 힘은 대단한 논리가 아니라 상대를 존중하는 태도에서 시작된다는 것을 기억할 필요가 있다. 때로는 '말하기'보다 '말하기 멈춤'을 선택하자. 상대의 감정에 불 지르는 실언 한마디로 문제를 더 꼬이게 만드는 실수를 범하지 말아야 한다. 어떨 때는 수백 가지 논리나 데이터보다, 상대의 마음을 움직이는 지혜로운 말 한마디가 더 강력한 힘을 발휘한다는 그 사실을 기억하자.

생각해 보기

1. 나는 최근 누군가와의 대화에서 감정에 휘둘려 말을 내뱉고, 내가 뱉은 말을 후회한 적이 있는가? 그렇다면 그때 왜 그런 감정을 통제하지 못했을까?

2. 상대방의 말이나 태도가 내 감정을 자극했을 때, 나는 어떻게 반응하는가? 침착하게 대처하는 나만의 방법이 있는가?

3. '지혜로운 침묵'이 필요한 순간 나는 침묵을 선택할 수 있는 사람인가, 아니면 감정을 표현하지 못하면 억울하다고 느끼는가?

해 봐서 다 안다는 착각에서 벗어날 것

신립

성명	신립
생애	1546~1592(조선)
경력	삼도 순변사, 함경도남병사, 함경북도병마절도사
주요 이력	북방 여진족이 일으킨 니탕개의 난을 평정하며 일약 스타로 떠올랐지만, 임진왜란 초기에 있었던 탄금대 전투에서 패배하고 순절함.

익숙함이 자만을 부른다

나이를 먹는다는 건 경험이 차곡차곡 쌓인다는 뜻이고, 경험이 많아진다는 건 선택의 순간에 자신 있게 판단할 수 있는 근거가 생긴다는 뜻이기도 하다. 특히 40대는 사회에서 어느 정도 자리를 잡고, 일과 인간관계에서 자신만의 방식이 굳어지기 쉬운 때다. 문제는 그런 익숙함이 '내가 해 봐서 다 안다'는 착각으로 이어질 위험이 있다는 사실이다.

한때 '잡스병'이라는 말이 유행한 적이 있다. 크고 작은 성공을 경험한 스타트업 창업자들이 마치 스티브 잡스라도 된 듯 착각에 빠진 모습을 가리키는 표현이다. 하지만 잡스병은 일부 창업자에게만 해당되는 말이 아니다. 익숙한 경험이 쌓이면서 자만에 빠져 버린 40대에게도 똑같이 해당되는 말이다. 과거의 성공 경험은 분명 소중하다. 하지만 그 기억이 오늘의 복잡하고 새로운 현실에도 언제나 그대로 통할 거라 믿는 순간, 판단이 흐려지고 귀가 닫혀 버린다. 과거에 유효했던 방식이 지금도 역시 당연히 통할 거라는 확신은 때때로 치명적인 결과를 낳을 수 있다. 조선 시대에도 그런 모습을 보이다 큰 실패를 겪었던 인물이 있다. 임진왜란 탄금대 전투에서 패배했던 신립 장군의 이야기다.

니탕개의 난으로 전쟁 영웅이 되다

선조 16년인 1583년, 니탕개의 난이 일어난다. 추장 니탕개를 위시해 최대 2만 명에 이르는 여진족이 조선의 변경을 침범한 이 사건으로 인해 경원부성이 함락되는 등 큰 피해를 입었다. 이때 큰 활약을 펼친 인물이 바로 신립이었다. 그는 니탕개를 멋지게 격퇴했을 뿐만 아니라, 두만강을 건너가 여진족 본거지를 소탕하고 50여 명의 목을 베어 오는 전과도 올린다. 〈선조수정실록〉에는 그의 활약상이 이렇게 기록되어 있다.

"온성부사(穩城府使) 신립(申砬)이 경병을 거느리고 앞장서서 구원하여 성에 들어가니, 적이 세 겹으로 포위하였다. 신립의 군사가 결사적으로 싸웠는데 적장 중에 백마를 탄 자가 의기양양하게 보루로 오르는 것을 신립이 한 개의 화살로 쏘아 죽이니 적이 마침내 물러갔다."[7]

세 겹으로 둘러싼 적군을 맞이하고도 결사적으로 싸우는 모습, 화살 한 방으로 적장을 쏘아 죽이고 적을 물러가게 하는 모습에서 그가 대단히 용맹하고 실력 있는 무관이었음을 알 수 있다. 기병을 이

7　《조선왕조실록》, 〈선조수정실록〉, 선조 16년 2월 1일.

끌고 여진족의 거듭된 공세를 막아 낸 신립은 그 공을 인정받아 함경북도병마절도사(咸鏡北道兵馬節度使)[8] 벼슬에 오르며, 탄탄한 출셋길을 달린다.

기병 전투를 고집하다

그리고 9년의 시간이 흐른 1592년, 임진왜란이 발발한다. 부산진성과 동래성이 잇달아 무너지며 일본군은 한양을 향해 거침없이 북상해 온다. 선조는 신립을 삼도순변사(三道巡邊使)[9]로 임명하며, 일본군에 맞설 총사령관으로 낙점했다. 조선 최고의 명검이자 임금의 권한을 상징하는 상방검까지 하사받은 신립은, 니탕개의 난에 이어 조선을 위기에서 또 한 번 구해 줄 것이라는 기대를 한 몸에 받으며 충주로 출진한다.

충주 근처에 있는 고개인 조령은 한양으로 가는 길목에 있어서 일본군이 반드시 지나야 했다. 그런데 그 지세가 매우 험준해서 적은 병력으로도 많은 적군을 상대하기에 적합한 곳이었다. 부하 장수인

8　함경북도 지역의 군 지휘 책임을 맡은 종2품 무관.

9　임진왜란 당시 충청도, 경상도, 전라도 지역의 방어를 위해 왕명을 띠고 파견된 종2품 임시 관직.

김여물이 조령의 험한 지세를 활용해서 방어하자고 건의하지만 신립은 그 말을 묵살한다. 차라리 한양 도성으로 들어가 굳건히 지키자는 이일의 건의 역시 묵살하고 만다. 그 대신 충주성 앞 넓은 벌판에서 강을 뒤로 하고 배수진을 친다. 그가 천혜의 요새인 조령을 포기하고 드넓은 평야에 진을 친 이유는 무엇이었을까? 기병이 달리기에는 좁은 고개인 조령보다 넓은 벌판에서 싸우는 것이 더 유리하다고 판단했기 때문이다. 신립에게는 니탕개의 난을 평정할 때 기병을 이끌고서 큰 승리를 거두었던 기분 좋은 기억이 있었다. 신립은 그때처럼 기병을 주력군으로 이끌면서 일본군에게도 똑같이 승리할 수 있을 것이라 믿은 것이다.

하지만 실제 전황은 그의 의도대로 흘러가지 않았다. 그즈음 비가 자주 내렸고 모내기를 위해 물을 머금은 논이 많아 질퍽거렸기 때문에, 기병을 운용하기에 오히려 매우 좋지 못한 싸움터가 되어 있었다. 여진족을 물리쳤던 함경도의 지리적 여건과는 완전히 달랐음에도, 그 사실을 무시한 채 오로지 똑같은 작전만 고집했던 신립의 결정적인 패착이 되고 만 것이다. 게다가 일본군의 조총 사격에 주력군인 기병이 맥없이 각개 격파 당하고, 충주성에 무혈입성한 일본군 예비대가 본대와 함께 협공해 오자 조선군은 완전히 무너져 내리고 말았다. 결국 궁지에 몰린 신립은 남한강으로 뛰어들어 스스로 목숨을 끊었고, 수많은 병사도 그와 운명을 함께 한다. 간절한 마음으로 믿고 있었던 신립의 패전 소식에 절망한 선조는 긴급히 한양을 버리고 피난 가는 신세가 되고 말았다.

'자기 확신'보다 '자기 점검'이 필요할 때

물론 조선을 침략한 일본군의 군세가 워낙 압도적이었기 때문에 신립이 조령을 방어했다 해도, 중과부적인 상황에서 전쟁의 향방까지 완전히 바꾸기는 쉽지 않았을 것이다. 그렇지만 전략 실패로 인해 제대로 힘 한번 써 보지 못하고 무너지고 말았던 것은 분명 아쉬운 대목이 아닐 수 없다. 그 배경은 니탕개의 난을 승리로 이끌었던 예전 경험에 매몰된 나머지 조총이라는 신무기를 이용하는 일본군에 대한 대비를 전혀 하지 않았고, 완전히 달라진 전투 환경도 무시한 채 그저 예전처럼 기병을 이끌고 용맹하게 싸우면 이길 수 있을 것이라 착각했던 신립의 오판에 있었다. 그리고 그 착각으로 인해 부하 장수들이 내놓은 합리적인 의견에도 귀를 닫고 만 것이다. 훗날 명나라 장수로 임진왜란에 참전한 이여송이 "조령과 같은 천혜의 험지를 지키지 않다니 신 총병은 참으로 꾀가 없는 장수로다."라며 그를 비웃었다는 말도 전해진다.

과거의 성공 기억에 사로잡혀 '내가 해 봐서 다 안다'고 말하는 사람들에게는 뚜렷한 특징이 있다. 누구의 말도 들을 준비가 되어 있지 않고, 모든 것을 독단적으로 결정 내린다는 사실이다. 40대는 사회적, 직업적으로 일정한 경력을 쌓고 자신만의 방식이나 관점을 어느 정도 갖추는 시기다. 이로 인해 내 생각만이 옳다는 확신이 강해지고, 다른 의견을 수용하는 유연성이 줄어들 위험이 점점 커질 수 있음을 유의해야 한다. 젊은 시절 꼰대라 욕하던 사람들을 나도 모르게 닮아 가기 쉬운 때가 이때인 것이다. 후배나 동료의 조언에 "그건 내가 해 봐서 아는데 안 돼."라고 단정 지어 말하는 순간, 이미 변화와 배움의 문을 스스로 닫고 있는 것일지 모른다. 과거의 성공방식이 언제나 정답일 수 없고, 시대는 끊임없이 변화한다. 그렇기에 마흔이 넘은 지금 그 어느 때보다 나 자신에 대해 돌아보고 자기객관화 해 보려는 연습이 필요하다.

경험이 자만으로 바뀌지 않으려면

공자는 '삼인행, 필유아사언(三人行, 必有我師焉), 즉 세 사람이 길을 가면 반드시 내 스승이 있다'는 유명한 말을 남긴 바 있다. 비록 나보다 어리거나 경험이 적어 보이는 사람들이라 할지라도, 그들에게도 배울 점이 분명히 있다. 현명한 사람은 자신이 아는 것보다 모르는 것이 더 많음을 인정하고, 누구에게라도 끊임없이 배우려는 자세를 잃지 않는다. 반대로 내가 아는 것이 전부이고 최고라는 오만과 독선은 나를 반드시 실패의 길로 이끈다는 사실을 잘 알고 경계한다.

40대에 이르면 크고 작은 성취와 경험이 웬만큼 쌓인 만큼 후배나 동료의 조언을 쉽게 흘려 버릴 수도 있다. 그러나 작은 목소리에 귀 기울이지 못할 때, 이미 변화에 뒤처지기 시작한다. 진짜 지혜는 '내가 해 봐서 다 안다'가 아니라, '나는 여전히 배울 것이 많다'는 마음에서 비롯된다. 경험은 분명한 자산이지만, 그 자산이 자만으로 바뀌는 순간 오히려 내 인생의 발목을 잡을 것이다. 여전히 살아가야 할 시간이 많이 남아 있기에 계속해서 성장하고 싶다면, 함께 길을 걷고 있는 그 '세 사람' 중 내 스승으로 삼겠다는 겸손이 무엇보다 필요하다.

생각해 보기

1. 나는 최근에 '내가 해 봐서 안다'는 말이나 생각으로 다른 사람의 의견을 무시한 적은 없었는가?

2. 지금의 나를 '유연한 사람'이라고 말할 수 있는가? 아니면 '고집이 세졌다'는 말을 더 자주 듣는가?

3. 나는 실패했을 때 과거 방식의 문제를 돌아보는가, 아니면 운이나 환경 탓을 하는가?

너무 많은 적을 만들지 말 것

조광조

성명	조광조
생애	1482~1519(조선)
경력	대사헌, 부제학, 정언
주요 이력	뛰어난 실력으로 중종의 최측근이 되었지만 성리학에 입각한 왕도 정치 실천을 심하게 압박하다 결국 신뢰를 잃고 기묘사화로 사약을 받음.

적을 만들지 않는 것이 중요하다

나이가 들수록 인간관계는 자연스럽게 정리된다. 대개는 결혼과 육아로 인해 20대, 30대 때 자주 어울리던 친구들과 점점 연락이 뜸해지고, 회사에서 함께 웃고 울던 동료도 이직하면 자연스레 멀어진다. 40대에 접어들면 특히 그런 변화가 두드러진다. 각자 바쁜 삶을 살면서 저마다 자신의 삶에 집중하게 되고, 얕은 관계보다 깊이 있는 몇몇 사람들과의 유대가 더 중요해지는 시기다. 이는 어쩌면 삶의 무게와 경험이 만들어 내는 자연스러운 필터 과정인지도 모른다. 하지만 관계의 범위가 축소되는 것과 별개로 적대적인 관계를 만드는 것은 전혀 다른 이야기다. 나와 가까웠던 사람이 내 실수나 잘못된 대처로 인해 멀어지고, 더 나아가 적대적인 관계에 이른다면 정말 안타까운 일이 아닐 수 없다. 특히 나와 가까운 가족이나 직장 동료가 그런 관계가 된다면, 그 파장은 내 삶 전체에 영향을 미칠 수밖에 없다. 그래서 40대가 되면 멀리 있는 친구를 많이 만드는 것보다도 가까이 있는 적을 만들지 않는 것이 더 지혜로운 처세라 할 수 있겠다.

조선 전기 개혁적인 사림 세력을 이끌었던 조광조의 경우도 그랬다. 그는 리더였던 중종의 총애를 받으며, 자신의 꿈과 이상을 펼칠 수 있는 기회도 얻었다. 하지만 내 생각만 옳다는 자기 확신으로 지나치게 가득 찬 나머지 많은 적을 만들었고, 심지어 가장 가까운 관계이면서 자신의 최대 우군이었던 중종마저 적으로 돌리고 말았다. 조광조가 보여 준 아쉬운 처세를 보면, 인생을 살아갈수록 적을 만들지 않는 것이 중요하다는 사실을 다시 한번 깨닫는다.

최고의 단짝이었지만

중종은 연산군을 쫓아낸 반정 덕분에 옥좌에 오를 수 있었다. 조선 역사상 최초로 신하들에 의해 옹립된 왕이었던 것이다. 그렇기에 반정공신을 위시한 훈구세력에 둘러싸인 그의 왕권은 미약할 수밖에 없었다. 심지어 조강지처였던 단경왕후 신씨가 연산군의 처남 신수근의 딸이라는 이유로 반정공신에 의해 강제 이혼을 당해야 할 정도였으니 말이다. 그런데 이런 처지에 있던 중종 앞에 혜성처럼 등장한 신하가 있었으니, 그가 바로 조광조였다. 곤혹스러운 상황에 있던 중종 편에서 그의 입장을 적극 대변해 준 조광조에게 중종은 깊이 빠져들었다. 중종과 조광조는 사이좋은 부자지간만큼이나 가까운 임금과 신하가 되고, 최고의 단짝이 되었다.

33살의 나이로 관직에 진출한 조광조는 중종의 최측근이 되어 출셋길을 달린다. 종6품이었던 벼슬은 불과 4년 만에 수직 상승하여

종2품 사헌부 대사헌(司憲府 大司憲)[10], 지금으로 치면 검찰총장에 해당하는 요직에 오를 정도였다. 훈구대신들의 견제에도 불구하고 중종은 조광조에 대한 신뢰와 애정을 아끼지 않았다. 조광조는 중종을 유교 정치에 입각한 성군으로 만들고자 했고, 중종도 그런 조광조에 화답했다. 《조선왕조실록》은 중종이 조광조의 말을 들을 때면 얼굴빛을 가다듬고 토론을 즐기며 날이 새는 줄도 몰랐다고 기록한다. 하지만 사랑의 열병에 빠진 듯했던 그들의 관계도 점차 어긋나기 시작하더니 마침내 파국에 이르고 말았다. 여러 계기가 있었지만, 특히 조그만 관청 하나를 없애는 문제에 대해 격렬히 대립하면서 서로 감정의 골을 깊게 만들었다.

소격서 혁파를 주장하다

자신의 성리학적 명분에 확신이 있었던 조광조는 중종에게 자기 주장을 강하게 앞세우기 시작했다. 그 대표적인 사례가 소격서(昭格署) 혁파 문제였다. 조선 건국 때부터 있었던 소격서는 도교식으로 하늘과 별에 제사 지내는 관청이었다. 그저 제사를 지내는 것이니

---

10   관료들에 대한 감찰과 탄핵, 국왕에 대한 간쟁, 경연 등을 담당한 사헌부의 총괄 책임 벼슬.

정치 경제적으로 딱히 중요한 곳은 아니었지만, 굳건한 성리학 원리주의자 조광조의 눈에는 이단 사상인 도교의 잔재로 보일 뿐이었다. 또 천자국인 중국 황제만 할 수 있는 제천의식을 조선에서 하는 것은 성리학적 명분론에 어긋난 것이라 보았다. 이런 관점에서 조광조는 소격서 혁파가 매우 중요한 개혁 정책의 출발이라 보았다.

하지만 중종의 입장에서는, 선왕 대대로 지켜 오던 전통을 자기 손으로 갑자기 없앤다는 게 흔쾌히 허락할 수 있는 일이 아니었다. 또 제천의식은 왕실에서 주관하는 행사였기 때문에 왕실 어른들의 입장도 고려해야 했고, 이 의식을 통해 왕의 권위가 하늘로부터 내려왔다는 정통성을 대내외에 천명하는 상징적 기능도 무시할 수 없었다. 중종은 이런 이유로 소격서 혁파를 단호히 거부한다. 사실 소격서가 그리 중요한 관청도 아니었고, 그 정도로 거부하면 왕의 체통을 지켜 주기 위해서라도 신하 입장에서 적당히 물러설 법도 한데, 조광조는 그러지 않았다. 중종과 조광조의 입장이 서로 강하게 부딪치며 팽팽한 긴장 속에 평행선만 달릴 뿐이었다.

소격서 혁파를 이뤄 냈지만

조광조는 자신을 따르는 신하들을 동원해 중종을 강하게 압박한다. 그럼에도 여전히 주장이 받아들여지지 않자 다 같이 왕 앞에 사표를 던지며 파업을 벌이기까지 한다. 조광조는 시도 때도 없이 중종을 찾아가거나 상소를 올리며 소격서 혁파를 주장하지만, 중종도 자신의 입장을 굽히지 않았다. 두 사람의 신경전은 점점 극에 달한다. 중종이 '존경받는 성군인 세종이나 성종도 소격서는 혁파하지 않았다'고 지적하자, 조광조는 '세종과 성종이 성군이었으나 소격서 혁파를 하지 않은 것은 큰 잘못이었다'며 선을 넘는 발언까지 한다. 이 정도 개혁도 못 하면서 어떻게 왕도 정치를 실천하는 성군이 될 수 있겠냐며 강력한 압박을 이어 나갔다.

이때의 광경을 기록한 《동각잡기(東閣雜記)》라는 책에 따르면, 조광조는 자신을 추종하는 신하들을 데리고 왕의 침소 근처까지 몰려가 밤새도록 소격서를 혁파해 달라고 주청했다고 한다. 이 장면에 대해 필자는 '이와 같이 임금을 핍박해 가지고는 무사할 수 없는 것'이라는 평을 달아 놓았다. 물론 소격서 혁파에 대한 조광조의 강한 신념은 충분히 존중받을 만했다. 조광조 개인의 사익을 위한 주장이었거나 아무런 명분도 없는 신념이었다면, 그처럼 많은 신하들이 진심으로 그의 주장에 동참하지 않았을 터다. 다만 '내 생각이 맞으니 임금 당신도 무조건 내 생각대로 따라오라'는 식의 행동은 오히려 중종의 마음을 차갑게 식어 가도록 만들 뿐이었다. 결국 지쳐 버린 중종은 두 손 두 발 다 들고 소격서 혁파를 허락했지만, 이 일은 조광조에 대한 중종의 마음이 완전히 돌아서도록 만드는 결정적 계기가 되고 말았다. 소격서 혁파를 이뤄 낸 조광조는 승리의 기쁨을 잠시

만끽했겠지만, 결과적으로 중종의 신뢰라는 더 큰 것을 잃고 말았다. 그리고 얼마 지나지 않아 중종은 기묘사화(己卯士禍)[11]를 일으켜 조광조에게 사약을 내린다. 많은 신하들과 성균관 유생들이 반대하고 조광조와 적대적이었던 훈구대신들조차 사형은 너무 과하다고 만류했지만, 기어코 강행할 만큼 중종의 마음은 차갑게 식은 것을 넘어 분노에 이르렀던 것이다.

내 생각만큼 타인의 생각도 존중하라

조광조는 자신의 명운을 걸고 소격서 혁파를 이루기 위해 모든 것을 쏟아부었지만, 사실 그 정도로 중요한 문제였는지는 의문이 남는다. 그렇게까지 중종을 심하게 압박하며 밀어붙일 필요까지 있었을까. 안타까운 점은, 중종과 적대적인 관계로 돌아서고 결국 숙청당하면서 정작 그가 진정으로 이루고자 했던 '지속적인 정치 개혁'을 위한 동력은 잃고 말았다는 점이다. 결과적으로 소탐대실이었다고 볼 수도 있겠다.

중종과 조광조의 관계가 본질적으로 리더와 팔로워였다는 사실

11　1519년(중종 14년) 중종의 주도로 조광조, 김식 등 신진 사림 핵심 인물들이 숙청된 사건.

을 생각해 보면, 적을 만들지 않는 처세술이 우선 중요한 곳은 직장이다. 특히 내 불필요한 고집이나 감정적인 행동으로 리더를 적으로 돌리는 건 어리석은 행동이 아닐 수 없다. 의사결정권은 결국 리더에게 있다. 내가 일을 잘하고 성과를 내고 싶다면 최소한 리더와 적대적인 관계를 만들지 않아야 하는 것이다. 나의 업무 파트너이자 의사결정권자인 리더를 잘 설득하고 함께 합을 맞춰 나가는 것은 리더에게 잘 보이려는 사내 정치의 차원을 넘어, 직장에서 가장 기본적으로 필요한 스킬이다.

그리고 이러한 교훈은 직장 생활에만 국한되지 않는다. 청년에서 중년으로 돌입하는 때인 40대에는 특히 관계의 질이 삶의 질을 좌우한다. 그 어떤 성공보다도 주위 사람들에게 '좋은 사람으로 기억되는 것'이 중요한 때다. 그렇기에 내가 아무리 옳다고 생각하더라도, 상대의 관점을 먼저 이해하고 존중하는 자세가 필요하다. 그것이 곧 적을 만들지 않는 지혜이며, 오래가는 관계의 비결이다. 조광조의 삶이 우리에게 남긴 교훈은 명확하다. 신념은 존중받아 마땅하지만, 타인에 대한 존중 없는 신념은 오랜 생명력을 갖기 어렵다.

1. 나는 의견 충돌이 생겼을 때, 상대방의 입장도 충분히 이해하려고 노력하는가?

2. 내가 중요하게 생각하는 일이나 가치가 모두에게 똑같이 중요할 것이라고 단정하고 행동하지는 않았는가?

3. 직장이나 가족 내에서 갈등이 생겼을 때, 관계를 해치지 않으면서도 내 생각을 전달하기 위해 어떤 노력을 해 보았는가?

근거 없는 자신감은 멀리할 것

원균

> **"**
>
> 어떤 자신감은 나를 성공으로 이끌지만, 또 어떤 자신감은 실패로 이끌기도 한다.
>
> **"**

성명	원균
생애	1540~1597(조선)
경력	경상우수사, 삼도수군통제사, 전라좌병사, 부령부사
주요 이력	수군 총사령관인 삼도수군통제사에 올랐지만 실력과 준비 없이 최고 지위에 올라 근거 없는 자신감으로 칠천량해전을 이끌었고, 결국 참패를 당하며 전사하였음.

자신감이 전부는 아니다

위인전에 등장하는 수많은 인생 스토리처럼, 시련을 겪으면서도 끊임없이 도전한 끝에 마침내 성공해 낸 사람들의 삶은 존경스럽다. 그들이 보여 준 자신감은 성공의 가장 기본적인 조건처럼 보이기도 한다. 하지만 그 삶을 조금만 더 자세히 들여다보면 자신감이 전부가 아님을 알게 된다. 오히려 실력과 준비 없이 자신감만 앞세우다가 도전한 결과는 대부분 성공이 아니라 실패였다.

40대에 이르러 어느 정도 삶의 경험이 쌓이면서 자신감이 생기는 것은 자연스러운 일이다. 그러나 이제 막 인생 후반전 준비를 시작해야 하는 시기로 접어든 이때야말로 그 자신감의 정체가 무엇인지 냉정하게 들여다볼 필요가 있다. 자신감이 실력에서 비롯된 것인지, 아니면 근거 없는 확신에 지나지 않는지 객관적으로 볼 줄 아는 사람만이 앞으로 나아갈 인생의 방향을 올바르게 설정할 수 있다. 부족한 실력을 오로지 '자신감'으로 극복할 수 있다 믿고 있다면, 크게 실패할 확률이 매우 높다. 임진왜란 때 칠천량해전[12]을 기록적인 참패로 이끌었던 원균의 자신감처럼 말이다.

------

12 1597년(선조 30년) 원균이 지휘하는 조선 수군이 칠천량에서 일본 수군에 참패하여 조선 수군 대부분이 궤멸되었으며, 임진왜란·정유재란 때 있었던 해전 중에 유일한 패배로 기록되었음.

자신감은 넘쳤지만

일본군 선봉장 고니시 유키나가의 부산진 침공을 시작으로 조선과 일본 사이에 전쟁이 발발한다. 1592년부터 약 7년간 이어진 임진왜란의 시작이었다. 국왕 선조가 의주까지 피난 가야 할 만큼 초기 전황은 조선에 매우 불리하고 급박하게 돌아갔다. 하지만 이순신 장군이 이끄는 수군과 지방 곳곳에서 일어난 의병들의 활약, 그리고 명나라군의 참전으로 일본군의 기세는 꺾이고 전쟁은 수년 동안 교착 상태에 빠진다. 그러던 중 본토로 물러났던 일본 장군 가토 기요마사가 조선으로 다시 건너온다는 첩보가 조선 조정에 흘러 들어온다. 선조는 삼도수군통제사, 즉 수군 총사령관 이순신에게 기습 공격을 명령하지만, 가토가 이미 조선에 상륙했다는 소식이 올라온다. 사실 이 첩보는 조선 내부를 혼란스럽게 할 목적의 일본군 작전이었고, 이순신은 명령에 따라 출진했지만 가토는 이미 조선으로 건너온 뒤였다. 게다가 '수백 명의 수군이 절영도 밖에서 시위하면 가토 기요마사가 바다를 건너오는 것을 막을 수 있다'고 주장한 원균의 장계가 올라온 터라 선조는 이순신에게 분노를 쏟아 낸다. 그 분노는 인사 조치로 이어졌다. 이순신을 일반 병사의 지위로 격하시키는 백

의종군(白衣從軍)[13]에 처하고, 그 자리에 원균을 대신 임명한 것이다.

늘 이순신에게 밀려나 있던 원균이 드디어 조선 수군 총책임자의 자리에 올라 전쟁을 승리로 이끌어야 하는 중차대한 임무를 맡게 되었다. 원균은 목구멍에 걸린 가시 같은 존재였던 이순신을 제치고 마침내 수군 장수로서 오를 수 있는 최고 지위에 올랐다는 사실에 크게 고무되었고, 자신감도 넘쳤다.

칠천량해전에서 대패를 당하다

이 당시 원균의 자신감 넘치는 모습은, 그가 삼도수군통제사(三道水軍統制使)[14]에 올랐을 때 안중홍이라는 사람이 찾아와 함께 대화를 나눈 기록이 실린 《은봉전서(隱峰全書)》라는 책을 통해 엿볼 수 있다. 이 대화에서 원균은 이 자리에 오르게 된 것 자체를 영화롭게 여기는 것이 아니라, 이순신에 대한 치욕을 씻게 된 것이 통쾌하다고 말한다. 그 말을 들은 안중홍이 "적을 무찔러서 이순신보다 큰 공을 세워야 치욕을 씻는 것이지, 그저 이순신의 직함을 대신한 것으로 통

---

13 '흰옷을 입고 군대를 따른다'는 뜻으로 관직 없이 전쟁에 참여하도록 하는 처벌.

14 전라도, 경상도, 충청도 등 삼도의 수군을 지휘하는 총사령관으로 임진왜란 때 신설된 종2품 무관직.

쾌하게 여긴다 해서 어찌 치욕을 씻은 것이겠소?"라고 대꾸하자, 원균은 이렇게 답한다.

"적과 마주쳐서 싸우게 되면, 멀리서 싸울 땐 편전을 쓰고, 가까우면 장전을 쓰고, 맞부딪치면 칼과 몽둥이를 쓰면 됩니다."

편전은 짧은 화살, 장전은 긴 화살을 뜻한다. 적군을 무찌르고 공을 세울 계책에 대해 그가 내놓은 답은 그저 멀리서는 화살을 쏘고 가까이서는 칼과 몽둥이를 써서 용맹하게 잘 싸우면 된다는, 그저 근거 없는 자신감으로 똘똘 뭉친 하나 마나 한 말이었던 것이다. 더구나 튼튼한 판옥선과 멀리서 내뿜는 강력한 화포를 앞세워 압도적인 화력으로 일본 수군을 제압하며 싸우는 것이 조선 수군의 기본 전략이었고, 이순신의 지휘 아래 연전연승할 수 있었던 비결이기도 했다. 이와 달리 배의 내구성과 화포를 포기하더라도 빠른 기동력으로 상대방 배에 접근해서 넘어와 백병전으로 싸우는 것을 기본 전략으로 구사하는 일본 수군을 상대로 칼과 몽둥이로 싸우겠다는 말은 병법의 기본인 '지피지기(知彼知己)'도 망각한 것이었다. 이 말을 들은 안중홍은 주위에 "원균의 사람됨을 보니 큰일을 하기는 글렀다."라고 탄식했다는 일화도 전해진다.

자신이 총사령관 자리에 오르면 당장이라도 일본군을 몰아낼 수 있을 것이라 자신감이 넘치던 원균이었지만, 막상 그 자리에 오르고 보니 상황이 그리 호락호락하지는 않음을 깨닫는다. 원균이 소극적인 대응으로 일관하자, 급기야 도원수(都元帥)[15] 권율은 그를 소환해 곤장을 치기까지 했다. 결국 조정의 압박에 떠밀려 억지로 전투에 나서지만 일본군의 기습에 속수무책으로 당하며 굴욕적인 패배를 당하고 만다. 거북선을 포함해 대부분의 전함을 잃고, 수많은 수군 병사들과 함께 원균 그 자신도 전사하고 말았던 전투, 이것이 바로 칠천량해전이다. 우리 해전 역사상 가장 뼈아픈 패배로 기록된 이 전투는, 어쩌면 화살을 쏘고 칼과 몽둥이로 싸우면 다 이길 수 있다고 원균이 큰소리치던 그때 이미 예고된 것이나 다름없었다.

이 전투는 철저한 준비도 없이 어찌어찌 잘 되겠지라는 막연한 자신감으로 나섰을 때 어떤 재앙을 불러올 수 있는지를 보여 준 사례라 할 수 있다. 특히 그와 함께 전투에 임했던 수많은 장수와 병사들이 전사하고 수군의 기반이 송두리째 무너졌다는 점에서, 원균의 실패는 개인의 실패를 넘어 조직 전체를 위기에 빠뜨린 실패였다는 사실이 매우 안타깝다.

---

15 전시, 또는 전시에 준하는 상황에서 군대를 총괄 지휘하기 위한 목적의 정2품 임시 관직.

가짜 자신감을 경계하라

아마 원균은 정말 자신감이 있었을지도 모른다. 임금의 신뢰를 등에 업고서 숙적 이순신을 제치고 조선 수군 최고 지휘관 자리에 올랐을 때, 그의 자신감은 하늘을 찔렀을 것이다. 하지만 안타까운 점은 그것이 근거 없는 자신감이었다는 점이다. 그는 그 자리를 감당할 만한 충분한 실력과 내공, 마음의 자세조차 준비되지 못한 상태에서 그 자리에 올랐다. 아무런 실력과 준비 없이 얻은 기회는 오히려 치명적인 독이 될 가능성이 높았지만, 근거 없는 자신감이 그 위기 신호를 덮어 버리고 말았다. 더 안타까운 점은 그의 실패로 인해 수많은 군사도 함께 목숨을 잃었고, 조선이라는 나라 전체를 절체절명의 위기의 순간까지 내몰았다는 점이다.

내게 주어진 책임을 다하며 힘든 세상을 헤쳐 나가기 위해 자신감을 가지는 것은 필요하고 또 중요하다. 다만 그 자신감이 어디서 비롯된 자신감인지 잘 살펴보는 지혜가 있어야 한다. 진짜 자신감은 나의 실력과 준비된 자세, 그리고 하나씩 현실로 이루어 나가는 실행으로부터 오지만, 가짜 자신감은 그런 근거 없이 그저 입으로만 할 수 있다며 나 자신까지도 속이는 자신감이다. 가짜 자신감은 나를 망칠 뿐만 아니라 심지어 내 주위 사람들까지 망칠 수도 있다. 특히 직장에서 리더의 역할을 맡고 있다면 더욱 조심해야 한다. 섣부른 자신감이 야기한 실패는 곧 조직 전체의 실패로까지 바로 직결될 수 있다는 것을 늘 경계해야 한다.

진정으로 실력 있는 사람은 자기객관화를 통해 스스로 부족한 점이 무엇인지 잘 알기 때문에 오히려 자신감이 약해지기도 한다. 하지만 그것이 가짜 자신감을 비워 내고 더 많은 경험과 실행을 통해 진짜 자신감으로 채워 가는 중이라면 오히려 성공을 향해 가고 있는 과정이라 할 수 있다. 더 많이 배우고, 더 많이 경험하려 노력하며, 진짜 자신감으로 자신을 단련해 나간다. 이런 자신감은 단기간에 만들어지지 않는다. 실수와 실패, 그리고 그것을 되돌아보는 시간을 통해 다져지는 것이다. 40대의 자신감은 '단순한 믿음'이 아니라, 검증된 경험과 꾸준한 준비에서 우러난 '무게 있는 믿음'이어야 한다. 자신감은 중요하다. 다만 모든 자신감이 무조건 나에게 도움이 되는 것은 아니다. 어떤 자신감은 나를 성공으로 이끌지만, 또 어떤 자신감은 실패로 이끌기도 한다. 지금 나의 자신감은 과연 어떤 자신감인가?

생각해 보기

1. 나는 지금 어떤 근거로 자신감을 가지고 있는가?
2. 내가 내린 중요한 결정에 대해, 충분히 검토하고 준비했는가?
3. 실패했을 때, 나는 그 결과에 책임질 준비가 되어 있는가?

뒤끝은 갖지 말 것

최명길과 김상헌

> "
>
> 내 감정은 내가 선택할 수 있다.
>
> "

성명	최명길 / 김상헌
생애	1586~1647 / 1570~1652 (조선)
경력	영의정, 우의정, 이조판서 / 부제학, 대사헌, 예조판서
주요 이력	병자호란 때 화이를 주장한 최명길과 항전을 주장한 김상헌은 격렬히 충돌했지만, 결국 각자의 방식으로 조선을 지키고자 한 것이었음을 서로 이해하고 화해함.

다르더라도 미워하지 말 것

40대에 이르면 인생의 무게가 더 무겁게 느껴진다. 사회적으로든 개인적으로든 이전보다 더 많은 책임을 안고 살아가야 하기에, 사람들과의 관계는 점점 더 깊고 복잡해진다. 생각이 다른 사람과 충돌하는 일이 잦아지고, 살아온 환경과 가치관이 다른 이들과 마주할 일이 많아진다. 심지어 오랫동안 알고 지내 왔고 친하다고 여겼던 사람조차 시간의 흐름 속에 서로의 생각에 간극이 생겨나고, 사소한 말 한마디가 큰 상처로 돌아오기도 한다. 갈등의 골이 깊어지면서 감정이 앞선 나머지 목소리가 높아지기도 하고, 때로는 돌이킬 수 없을 만큼 사이가 멀어지는 일도 생긴다. 많은 사람들이 얽히고설켜 살아가는 세상에서 타인에게 전혀 화도 내지 않고 아무 갈등 없이 사는 것은 성인군자에게나 있을법한 얘기지만, 비록 타인과 충돌하는 일을 피할 수 없다 해도 이 한 가지는 기억하는 것이 좋다. 갈등은 내 선택과 상관없이 피할 수 없을지라도, 내 감정은 내가 선택할 수 있다는 사실을 말이다.

40대는 인생의 관점이 무르익는 때다. 나름의 철학과 판단 기준이 생기고, 삶의 우선순위도 또렷해진다. 그렇기에 내 생각과는 너무 다른 타인의 의견을 쉽게 받아들이지 못할 수도 있다. 그럼에도 불구하고 결코 잃지 말아야 하는 마음이 있다. '서로를 이해하도록 끝까지 노력해 보고, 끝내 이해하지 못하게 되더라도 최소한 뒤끝은 남기지 않는 마음'이 그것이다. 뒤끝이라는 감정의 찌꺼기가 내 마음 속에 켜켜이 쌓이면, 그 괴로움은 나에게 돌아올 뿐이다. 그 찌꺼기는 상대가 아니라 나를 무겁게 만드는 것이고, 결국 내 마음을 더 지치게 만들기 때문이다.

우리는 때때로 '나와 다른 의견'을 곧바로 '나를 부정하는 공격'으로 받아들이곤 하지만 대부분의 갈등은 악의에서 비롯되지 않는다는 것을 기억해야 한다. 상대 역시 나와 마찬가지로, 진심으로 잘해 보려는 마음에서 다른 의견을 낸 것일 뿐이다. 방향은 다를지라도, 그 나름대로 존중할 만한 이유와 신념이 있는 것이다. 조선 시대 병자호란이 일어났을 때, 청나라와의 화의를 주장했던 최명길과 끝까지 싸워야 한다고 외쳤던 김상헌이 서로 격렬하게 대립했던 그 순간처럼 말이다.

주화파와 척화파로 갈라지다

임진왜란 이후 조선과 명나라의 국력이 쇠약해진 틈을 타, 만주의 여진족이 힘을 키웠다. 후금의 지도자 홍타이지는 스스로 황제라 칭하고, 나라 이름도 청나라로 바꾼다. 친명정책을 펴던 조선의 서인

정권[16]은 청나라의 무리한 요구가 계속되자 마침내 전쟁을 불사하겠다 선포한다. 호기롭게 선전포고를 하는 것까지는 좋았지만, 진짜 문제는 그다음부터였다. 그해 12월 겨울, 청나라 황제가 선전포고에 화답이라도 하듯 대군을 직접 이끌고 파죽지세로 조선에 쳐들어온 것이다. 예상을 뛰어넘은 빠른 진격 속도에 국왕 인조는 긴급히 남한산성으로 피신해야 했다.

당시 조정은 조선이 처한 현실을 인정하고 청나라와 화의를 맺어야 한다는 주화파와 이를 거부하고 끝까지 싸울 것을 주장하는 척화파로 나누어져 있었다. 성리학을 이념으로 한 조선에서, 특히 척화파에게는 명나라에 대한 의리를 저버리는 것도 모자라 오랑캐인 여진족에게 항복한다는 건 죽음보다 더한 치욕이었다. 더구나 명나라와 청나라 사이에서 중립외교를 펼치던 광해군을 몰아낸 서인 정권이었기에 자신들의 반정 명분 때문에라도 그럴 수밖에 없었다. 그러한 이상은 좋지만 청나라 대군을 물리치는 건 현실적으로 불가능해 보였기에 화의를 맺어야 한다는 주화파의 주장도 만만치 않았다. 이때 척화파를 이끈 리더가 김상헌, 주화파의 리더는 최명길이었다.

---

16 조선의 최초 붕당인 동인(東人)과 서인(西人) 이후 동인은 다시 북인(北人)과 남인(南人)으로 갈라진다. 광해군 때 북인 정권이 수립되었으나 인조반정으로 광해군이 폐위되고 인조가 즉위하면서 서인 주도로 남인과 공존하는 서인 정권이 들어섰다.

찢는 사람도 필요하고, 줍는 사람도 필요하다

남한산성에 고립되어 식량이 점점 고갈되어 가고 얼어 죽는 병사들이 속출했다. 심지어 인조 역시 제대로 덮을 이불조차 없어 동상에 걸리는 절박한 상황이었다. 조선의 군대는 계속해서 패배했고, 명나라의 원군은 결국 오지 않았다. 임진왜란 때와 달리 의병도 일어나지 않았다. 현실은 척화파의 이상과 너무 달랐던 것이다. 강화도로 피난 갔던 왕자들까지 포로로 잡혔다는 소식이 전해져 오자, 결국 인조는 항복을 결심한다. 이때 청나라에 보낼 항복문서를 최명길이 쓰는데 그 문서를 본 김상헌이 갈가리 찢어 버리면서 최명길을 꾸짖고 통곡한다. 그러나 최명길은 그 찢어진 종이를 담담히 다시 주워 담으며 이렇게 말한다.

"열지자 불가무 습지자 불가무(裂之者 不可無 拾之者 不可無)."

'찢는 사람도 없어서는 안 되고, 줍는 사람도 없어서는 안 된다'. 김상헌처럼 절개와 의리를 지키려는 사람도 필요하고, 최명길처럼 사직의 보존과 민생을 우선하려는 사람도 필요하다는 명언이었다.

척화파와 주화파로서 완전히 다른 주장을 펼치는 두 사람은 마치 같은 하늘 아래에서 함께 숨조차 쉴 수 없는 철천지원수처럼 보였다. 김상헌은 최명길을 자기 안위를 위해 나라를 팔아먹는 자로 여겼고, 최명길은 김상헌을 백성의 도탄이고 뭐고 자기 명예만 중한 자로 여겼다. 서로의 주장과 공방만큼이나 둘 사이의 갈등은 매우 깊어 보였다. 하지만 나중에 두 사람 모두 청나라 수도 심양에 끌려가 나란히 감옥에 갇히고 고초를 겪게 되었을 때 결국 서로의 입장을 온전히 이해하고 화해하게 된다. 김상헌은 "양대의 우정을 찾고, 백 년의 의심을 푼다."는 시 한 수를 건넸고, 최명길은 "그대 마음 돌 같아서 끝내 돌리기 어렵고, 나의 마음 둥근 꼬리 같아 경우에 따라 돈다네."라는 시로 화답한다. 누구는 꿈쩍도 않는 돌 같아서 끝내 돌아가지 않는 사람이었고, 누구는 둥글게 돌아가는 사람이었지만, 결국 각자의 방식으로 조선을 지키고자 했음을 이해한 것이다. 이처럼 서로 화해하는 내용의 시를 본 이경여라는 사람이 김상헌과 최명길에게 지어 보냈다는 시가 전해진다.

"두 어른의 경권(經權)이 각기 나라를 위한 것인데 하늘을 떠받드니 큰 절개요 한 시대를 건져 내니 큰 공적일세."

에너미가 아닌, 라이벌이 되어라

《이어령의 마지막 수업》(김지수/이어령, 열림원, 2021)이라는 책에 라이벌(Rival)이란 단어를 설명하는 대목이 나온다. 라이벌의 어원은 강이라는 뜻의 리버(River)에서 왔다. 강 하나를 사이에 둔 두 마을이 사이가 좋지 않았다. 그러나 두 마을 주민들은 같은 강의 물을 함께 마셔야 했기에, 다른 마을이 너무 밉다고 해서 그 강물을 마르게 하거나 독을 푸는 행동을 하지 않는다. 그러면 자신들도 죽기 때문이다. 그렇기에 밉더라도 공존하며 함께 살아야 한다. 원수란 뜻의 Enemy는 내가 살기 위해 상대를 죽이려 하지만, Rival은 상대를 죽이면 나도 죽는 존재인 것이다.

인생에서도 마찬가지다. 나와 뜻이 영 맞지 않는 사람을 만날 수도 있다. 내가 무슨 말만 하면 사사건건 태클을 걸면서 반대하는 사람을 만날 수도 있다. 그럴 때 순간 화가 날 수도 있겠지만 너무 감정적인 반응을 보일 필요는 없다. 잘 들어 보고 혹여 그 말에도 타당한 이유가 있다면, 받아들일 건 받아들이면 된다. 그리고 내 생각의 근거를 더 준비하고 보완해서 다시 내 주장을 펼치면 된다. 그렇게 서로의 생각과 의견을 주고받는 과정 자체가 내 성장의 자양분이 된다. 상대를 죽여서라도 이기려 하는 적이 아니라, 갈등과 충돌 가운데 있을지라도 오히려 함께 성장하고 함께 사는 라이벌이 되는 것이다.

살면서 가장 어리석은 행동 가운데 하나는, '맞는 말'로 사람을 잃는 일이다. 설령 내가 옳았더라도, 내 주위의 사람들을 하나둘씩 밀어내며 옳음을 고수한 것이라면 결국 나 스스로를 외롭고 쓸쓸한 삶 가운데 놓이게 만들 뿐이다. 40대는 결과도 중요하지만 좋은 관계를 잘 유지하는 것 그리고 감정보다 태도가 중요한 나이임을 기억하자. 그러니 때로 충돌이 있었더라도 가능한 한 빨리 감정을 정리하자. 서로의 다름을 받아들이고자 애써 보고, 때로는 이해하지 못할지라도 너무 미워하며 뒤끝을 남기지는 말자. 그런 태도를 잘 견지하는 것이 결국 나 자신을 지키고, 내 삶을 평온하게 만든다.

격렬했던 다툼도 결국 언젠가는 지나간다. 하지만 그 다툼이 지나간 자리에 남겨진 감정은 오래간다. 감정의 찌꺼기가 뒤끝이 되어 남지 않도록 잘 다스리는 것이야말로 40대 이후 인생을 성숙하게 살아가는 비결이다.

생각해 보기

1. 최근 누군가와의 갈등이나 오해를 오래 마음에 담아 두고 있지는 않은가?

2. 상대방의 의견이나 행동을 내 입장에서만 판단한 적은 없었는가?

3. 나는 감정이 상했을 때, 그 감정을 어떻게 다루고 있는가?

꼼수에 기대지 말 것

묘청

성명	묘청
생애	? ~ 1135(고려)
경력	삼중대통지루각원사
주요 이력	고려의 수도를 서경으로 옮기는 서경천도운동을 주도하고 칭제건원과 금나라 정벌을 주장함. 계획대로 되지 않자 반란을 일으켰으나 실패하고 죽임을 당함.

목표를 위해서라면 어떤 방법이든 괜찮을까

누구나 나름의 목표를 가지고 인생을 살아간다. 많은 돈을 버는 것이 목표인 사람도 있고, 하고 싶은 일을 마음껏 하는 것이 목표일 수도 있다. 하지만 인생 그 어느 시점보다도 현실적인 판단과 책임이 무거워지기에 한층 더 좁아진 선택지를 사이에 두고 고민할 수밖에 없는 시절이 바로 40대다. 경제적 안정, 직업적 성취, 자녀 교육, 노후 준비까지 삶의 거의 모든 과제가 이 시기에 무게를 더한다. 이처럼 목표가 분명해질수록, 때로는 '과정이 뭐가 중요해, 결과만 좋으면 되지'라는 유혹이 밀려오기도 한다. 편법이나 꼼수, 심지어는 비도덕적인 선택이 잠깐은 효과적으로 보일 수 있다. 하지만 정말 그것이 내 인생에 도움이 되는 길일까?

고려 시대 때 국왕인 인종의 신임을 듬뿍 받으며 국정에 큰 영향을 미쳤던 묘청이라는 인물이 있다. 그는 강대국 고려를 꿈꾸며 웅대한 목표를 세웠다. 다만 자신의 목표를 이루기 위해 인종을 설득했던 과정이 스스로를 옭아매는 자승자박이 되어 버리고 말았다. 묘청의 삶은, 내 인생의 목표를 달성하기 위한 과정에 반드시 갖추어야 할 올바른 태도가 무엇인지 생각해 보도록 만드는 인사이트를 준다.

서경천도를 주장하다

고려 17대 임금인 인종이 즉위하자, 그의 외척 이자겸이 왕보다 강력한 권세를 휘두르며 급기야 반란까지 일으키는 사건이 일어난다. 고려의 왕권은 점차 쇠약해지고 있었고, 여기에다 북방의 여진족이 세운 금나라가 강성해지면서 위기감이 고조되고 있었다. 이때 본격적으로 일어난 주장이 바로 '서경천도론'이다. 풍수지리설에 기반한 이 주장은, 기력이 쇠퇴한 개경을 떠나 왕기가 서린 서경으로 천도하면 자연스럽게 고려의 국운도 융성해질 것이라는 주장이었다. 그 중심에 바로 묘청이라는 승려가 있었다. 당시 신하 중에서 명망이 있던 정지상이 그의 주장에 동조하면서 서경천도론은 큰 힘을 얻는다.

인종도 처음에는 묘청의 인물됨에 대해 반신반의했던 것으로 보인다. 하지만 정지상을 비롯한 여러 사람이 그를 칭송하는 데다, 이자겸의 난으로 심신이 지쳐 있었던 인종은 곧 그의 말을 귀담아듣기 시작했다.

"신 등이 보건대 서경 임원역의 땅이 매우 좋은 명당자리입니다. 거기에 궁궐을 지어 거처하신다면, 천하를 병합할 수 있고 금나라가 스스로 항복해 올 뿐만 아니라 천하의 36개국이 모두 복종해 올 것입니다."[17]

　서경에 대화궁이라는 이름의 궁궐을 짓도록 허락한 인종은, 대화궁이 단 두 달 남짓 만에 완공되자 한동안 서경에 머무르기로 한다. 묘청 일파는 여기에 그치지 않고 '칭제건원(稱帝建元)', 즉 스스로 황제라 칭하고 독자적인 연호를 정할 것을 주장한다. 고려는 대외적으로는 중국과 사대관계를 맺고 중국의 연호를 따르고 있었기 때문이다. 여기에다 여진족이 세운 금나라를 정벌하자는 주장까지 하고 나선다. 황제국이라 선포하고 강대국 금나라를 정벌한다니, 대단히 자주적이고 대담한 발상이었다. 하지만 객관적인 국력을 보았을 때 금나라와 정면으로 맞선다는 것이 그리 간단한 일은 아니었다. 자신의 주장이 결국 거부될 조짐을 보이자, 묘청 일파는 불쑥 "폐하께서 건룡전(乾龍殿)[18]에 앉으실 때 공중에서 풍악 소리가 들렸으니 이 어찌 상서로운 조짐이 아니겠습니까?"라고 말한다.

　하지만 이건 묘청 일파가 꾸며 낸 말이었다. 이 황당한 거짓말을 들은 재상들이 "아무리 우리가 늙었지만 귀를 먹지는 않았다. 공중에서 무슨 풍악 소리가 들렸단 말이냐?"라며 반발한다. 묘청을 곱게 보지 않는 시선도 점점 늘어나고 있었던 것이다.

17　《고려사》, 〈열전〉 권40, 반역 묘청.
18　대화궁의 정전(正殿), 즉 왕이 나와서 조회를 하던 곳.

목표를 위해서라면 거짓말도 불사한다

하루빨리 서경으로 천도하고 싶었던 묘청의 마음을 아는 듯 모르는 듯 기이한 자연재해가 연이어 발생한다. 한번은 인종이 서경으로 행차하던 중이었는데, 갑자기 날이 어두워지고 폭풍우가 몰아치는 기상이변이 일어난다. 호위하던 군사들이 엎어져 넘어지고 왕의 행방을 몰라 소란이 일어날 정도였다. 왕이 서경으로 가기만 하면 모든 일이 잘 풀릴 것이라던 묘청의 호언장담이 무색한 상황이었다. 궁색해진 묘청은 갑자기 이렇게 소리친다.

"내 일찍이 이날 비바람이 불 것을 알고 우사(雨師)와 풍백(風伯)[19]에게 비바람을 일으키지 말라고 명해서 약속받았는데 이처럼 식언하다니 가증스럽구나!"[20]

심지어 서경에 있는 불탑이 벼락 맞아 불타는 일까지 발생하자 이번에는 "왕께서 개경에 계속 계셨더라면 더 큰 재앙이 있었을 텐데, 그나마 서경에 와 계시기 때문에 이 정도로 끝난 겁니다."라고 둘러댄다. 과연 인종이 그 말을 곧이곧대로 들었을까 싶긴 하다.

---

19   각각 비와 바람을 다스리는 신.
20   《고려사》, 〈열전〉 권40, 반역 묘청.

여기에다 묘청의 거짓말이 절정에 이르는 사건이 벌어진다. 하루는 대동강 수면에 오색 띠가 생겨나 물결 따라 일렁이는 광경이 펼쳐진다. 묘청 일파는 신룡이 침을 토해 오색구름을 이룬 것이라며 상서로운 조짐이니 어서 칭제건원과 금나라 정벌을 해야 한다고 다시 주장하고 나선다. 그런데 현장 조사를 해 보니 묘청 일파가 벌인 사기극으로 밝혀진다. 참기름을 넣은 떡에 구멍을 뚫어 강바닥에 가라앉혀 두고, 기름이 새어 나오도록 해서 수면에 오색영롱한 띠가 생겨났던 것이다. '신룡의 침' 사기극 전말이 드러나자 격분한 반대파 신하들이 서경천도파를 처형하라며 목소리를 높인다. 여기에다 경주에서 지진이 나고, 경기 광주에서는 핏빛 비가 내렸으며, 궁궐에 벼락이 치는 등 자연재해가 잇따라 일어난다. 이것은 서경 천도가 오히려 불길하다는 근거가 되고 있었다. 결국 인종은 서경으로 행차하지 않기로 결정하고, 묘청 일파는 자신들에 대한 왕의 마음이 급격히 식어 가고 있음을 깨닫는다.

서경 천도가 쉽지 않게 상황이 흘러가자, 결국 묘청은 서경에서 '대위국(大爲國)'이라는 이름의 나라를 세우고 반란을 일으킨다. 하지만 급작스럽게 일으킨 반란이 성공하기는 쉽지 않았다. 김부식을 총사령관으로 한 대규모 토벌군이 서경을 향하며 항복을 계속 종용하자 반란군의 군권을 쥐고 있던 조광의 마음이 흔들린다. 결국 그가 묘청과 그 일파의 목을 베어 조정에 보내면서 묘청의 야망도 허무하게 막을 내리고 만다.

신뢰라는 강력한 무기

묘청은 자주적이고 강한 고려를 꿈꾸며 서경 천도를 강하게 밀어 붙였다. 민족주의 사학자 신채호는 이를 두고 '한국 역사상 1천년래 제1대 사건'이라 칭할 만큼, 그의 원대한 꿈과 목표는 충분히 평가받을 만하다. 다만 그 목표 달성을 위해 온갖 감언이설과 사기극까지 동원하며 왕을 현혹시키려 했던 행위까지 옳다고 말할 수 있을까? 묘청의 열망 자체를 폄훼할 수는 없지만, 아무리 좋은 의도라도 이를 이루고자 하는 방법이 정당하지 못했기에 문제가 될 수밖에 없었다. 묘청은 감언이설에다 '신룡의 침' 같은 사기극을 벌였고, 급기야 반란을 일으키는 데 이르렀다. 어떻게든 목표만 이루면 된다는 열망이 그 순수했던 동기마저 덮어 버리고 만 것이다.

내가 추구하는 목표가 정당해 보일지라도 수단과 방법을 가리지 않으면서까지 함부로 선을 넘으면 결국 나 자신에게 반드시 돌아오기 마련이다. 무엇보다 신뢰를 잃는 것이 가장 치명적이다. 내 주변의 사람들이 나를 더 이상 신뢰하지 않는다면, 내가 무슨 말을 해도 제대로 받아들여지기 어렵다. 그리고 한번 잃어버린 신뢰는 다시 회복하기 굉장히 어렵다. 그렇기에 어떻게든 목표를 이루는 것보다 더 중요한 것은, 올바르고 정당하게 그 일을 해내는 것이다. 그리고 그 과정을 통해 내게 소중한 사람들의 신뢰를 얻는 일이다. 신뢰는 어느 날 갑자기 얻어지지 않는다. 매일의 선택 속에서 차곡차곡 적립하는 마일리지와 같다. 40대 시절에 잘 쌓아 둔 마일리지는, 인생의 후반전이 되었을 때 가족의 지지, 친구의 응원, 그리고 이웃의 신뢰를 얻는 든든한 자산이 되어 줄 것이다. 인생에서 이보다 더 강력한 힘이 되는 무기가 있을까.

1. 나는 지금까지 목표를 이루는 과정에서 정직함과 신뢰를 우선해 왔는가, 아니면 빠른 결과를 위해 편법을 쓴 적이 있는가?

2. 주변 사람들은 나를 신뢰하고 존중하는가, 아니면 경계하거나 불신하는가?

3. 나는 자식이나 후배에게 본보기가 될만한 삶을 살고 있다고 자신 있게 말할 수 있는가?

술은 과하게 마시지 말 것

정인지

성명	정인지
생애	1396~1478(조선)
경력	영의정, 좌의정, 병조판서
주요 이력	세조의 총애를 받는 공신이었지만, 주량을 절제하지 못하고 술에 취해 왕에게 '너'라고 부르는 등 반복적인 술자리 실수로 인해 부정적인 평판을 남김.

술을 조심해야 하는 이유

사회생활을 하다 보면 떼려야 뗄 수 없는 것들이 몇 가지 있는데 그중 하나가 술자리이다. 직장에서의 회식이나 대학교 동아리 모임 뒤풀이처럼, 술자리는 친밀한 관계를 갖기 위한 수단으로 종종 활용된다. 특히 바쁘게 살다가 오랜만에 지인과 만난 자리에서 함께 부딪치는 맥주 한잔은 자칫 메말라질 수 있는 인생을 조금은 촉촉하게 만드는 역할도 한다. 단순한 음료를 넘어 사람 사이의 벽을 허물고 이어지는 도구가 되기도 하는 것이다. 하지만 '술이 원수다'라는 말처럼, 술이 항상 긍정적인 역할만 하는 것은 아니다. 알코올 중독은 말할 것도 없고, 심지어 술자리에서 있었던 단 한 번의 실수가 내 인생에 큰 오점을 남기기도 한다. 특히 40대에 접어든 사람이라면, 술자리에서의 잘못된 태도가 단순한 실수를 넘어 사회적 신뢰와 품격에도 직결되는 문제가 될 수 있음을 인지할 수 있어야 한다.

어느 정도 중요한 책임을 맡게 된 40대에 이르면, 외부적으로 보여지는 이미지의 중요성도 무시할 수 없다. 직장에서든, 친구 사이든, 사회 활동이든 자신이 어떤 사람으로 보이는지가 점점 중요해진다. 대표적으로 회사에서 그렇다. 회식 자리에서 술에 취한 나머지 순간의 실수로 상사와 동료들 사이에서 그동안 열심히 쌓아 온 평판을 한순간에 잃을 수 있는 것이다. 간혹 젊은 시절의 가벼운 술자리 실수를 무용담처럼 말하기도 한다. 그러나 40대는 실수 하나 때문에

'아, 저 사람은 술 먹으면 상종 못 할 사람이 되는구나'라며 낙인이 찍힐 수도 있는 나이이다. 이처럼 술은 무척 조심스럽게 다뤄야 할 도구다.

조선 시대 사람들도 술을 무척 즐겼다. 그것은 조선 정부에서 일하는 직장인들도 다르지 않았다. 특히 애주가였던 세조 재위 기간에 술자리에 대한 기록이 무척 많이 남아 있는데, 술자리가 많아질수록 술로 인한 사건 사고도 많아지기 쉬운 것은 조선 시대라 해서 예외는 아니었던 것 같다. 특히 정인지란 인물과 관련해 술로 얽힌 흑역사 이야기가 많이 남아 있다.

술이 문제야!

정인지는 본래 세종 때 대학자로서 명성을 날렸지만 세조가 조카인 단종의 왕위를 빼앗는 과정에 동참해 공신이 된 인물이다. 그만큼 세조의 총애를 듬뿍 받아서 너무 자신만만했기 때문인지 그가 술자리에서 실수한 사건이 〈세조실록〉 곳곳에 등장한다.

세조가 왕이 된 지 4년째 되던 어느 날, 공신들을 불러 잔치를 열었다. 선대의 공신 후손들까지 불러서 자신의 정통성을 과시하고자 베푼 술자리이기도 했다. 한껏 흥이 올라오는 상황에서 정인지가 세조 앞에 오더니 뜬금없이 이런 말을 한다.

"성상께서 주자소에서 법화경(法華經) 등 여러 경 수백 벌을 인행하게 하였고, 또 대장경 50벌을 인행하였는데, 또 이제 석보(釋譜)를 간행하시니, 신은 그윽이 생각하건대, 옳지 못한가 합니다."[21]

조선은 성리학 이념으로 세워진 나라였지만, 세조는 불교 신자였다. 세조가 불교 경전을 간행한 일을 두고, 갑자기 술자리에서 이 일을 끄집어내 비방한 것이다. 세조는 정인지의 무엄한 훈계에 분노하여 곧장 잔치를 끝내 버리고, 다음 날 정인지를 불러 사람들이 다 보는 데서 자신을 욕보인 이유가 뭐냐고 추궁한다. 이때 정인지는 "취중의 일이라 살펴 기억하지 못합니다."라고 대답했다.

지금도 어디서 많이 듣는 말이 아닌가? 이 말이 세조의 심기를 더 불편하게 만들었다. 정인지는 그 자리에서 물러 나오며 "신숙주는 잘 마시면서도 마시지 않는데, 나는 그러지 못해 이 지경에 이르렀다."라며 탄식했다는 말이 전해진다.

---

[21]　《조선왕조실록》, 〈세조실록〉, 세조 4년 2월 12일.

연이은 술자리 실수

세조는 그를 감옥에 가두지만 공신이라는 이유로 곧 석방시켜 주었다. 그리고 불과 몇 개월이 지난 어느 날, 정인지는 세조와 술을 마시다가 또 한 번 큰 실수를 저지른다. 이때 세조가 하도 어이가 없어서 했다는 말이 기록에 남아 있다.

"그날 정인지가 나에게 '너'라고 칭하며 말하기를, '그같이 하는 것을 모두 나는 취(取)하지 않겠다.'고 하였는데, 이것은 비록 술이 몹시 취하였다 하더라도, 옛사람이 이르기를, '술에 취하면 그 본정(本情)을 드러내 보인다.'고 하였으니, 정인지가 한 말은 너무 방자하였다."[22]

신하가 임금 면전에 "네가 하는 것들 전부 다 마음에 안 들어!" 이렇게 말했다는 것이다. 술주정은 부릴 수 있다지만 《조선왕조실록》을 샅샅이 다 뒤져 봐도 신하가 왕에게 '너'라고 부른 사례는 전무후무한 일이었다. 이번에도 공신이라는 이유로 세조는 결국 용서해 주었지만, 정인지는 불경죄로 처벌해야 한다는 신하들의 주장에 들들 볶이며 한동안 곤란한 상황을 겪어야만 했다.

이 정도 지경에 이르면 다시는 술을 입에 대지 않을 법도 한데, 정

22　《조선왕조실록》, 〈세조실록〉, 세조 4년 9월 17일.

정인지

인지는 그 이후에도 술자리에서 무례한 실수를 저지르고 이를 본 신하들은 탄핵 상소를 올리는 일이 반복된다. 세조는 쿠데타를 일으켜 왕이 되었기 때문에 왕권의 정통성이 부족했다. 그만큼 공신들의 도움이 절실했기에 세조는 정인지의 어지간한 잘못도 눈감아 줬지만, 사실 몇 번이나 처벌해도 이상하지 않을 상황이었다.

술자리 매너의 첫걸음은 주량을 지키는 것

정인지의 연이은 실수는 어디서부터 비롯되었을까? 정인지 스스로 "신숙주는 잘 마시면서도 마시지 않는데, 나는 그러지 않아서 이 지경에 이르렀다."고 말한 것처럼 자신의 주량을 지키지 않은 것이 일차적인 화근이었다. 세조가 '술에 취하면 그 본정을 드러내 보인다'고 했듯이 매번 취할 만큼 과음하면서 자제력을 잃었다. 사실 정인지는 세조의 왕위 찬탈 과정에 동참한 장본인이면서도 속으로는 정통성이 부족한 세조를 은근히 무시하는 마음이 있었던 건 아니었나 싶다. 세조에게 '너'라고 부른 건 은연 중 진심이 술기운에 드러난 결과로 볼 수 있는 것이다.

이처럼 '술에 취해 본정을 드러낸' 것을 단순히 술 핑계로 치부할 수는 없다. 설령 일시적인 감정이었더라도 그것이 드러나는 순간 누군가에게 상처가 되었다면 책임은 회피할 수 없다. 특히 나이가 들수록 단 한 번의 말이나 행동의 실수가 사람에 대한 신뢰를 송두리째 흔들어 버릴 수 있는 것이다. 더구나 정인지가 세조에게 그랬듯이 정말 중요한 상대방에게 하는 실수는 평생 되돌리기 어려울 수도 있다. 결국 술로 인해 자제력을 잃은 정인지는, 자신에게 전혀 득 될 것 없는 안 좋은 평판을 널리 남기고 말았다.

물론 세조에게도 잘못은 있다. 그렇게 여러 번 술로 인해 문제를 일으킨 신하라면 술자리에 부르지 않거나, 과음하지 않도록 자제시켜야 했다. 하지만 역시 술을 무척 좋아했던 그는 함께 술 마실 생각만 했을 뿐 그런 조치를 취하지 않았다. 그 결과 세조 스스로도 신하로부터 너라고 불리는 망신을 당한 처음이자 마지막 임금으로 역사에 기록을 남기고 말았다.

내 인생에 도움이 되는 술자리를 위해서

술을 무조건 끊으라는 말은 아니다. 다만, 주량을 알고 그 선을 지킬 줄 아는 것이 중요하다. "신숙주는 잘 마시면서도 마시지 않는데, 나는 그러지 않아서 이 지경에 이르렀다."라며 자조했던 정인지의 말을 상기해 볼 필요가 있다. 사실 누구나 그 사실을 알지만, 그것을 잘 지키지 못해 문제가 될 뿐이다. 스스로 절제하며 기분 좋게 마시는 술은 인생에 활력소가 될 수 있다. 40대에 무엇보다 제대로 배

정인지

워야 하는 것 중 한 가지는 바로 '절제할 줄 아는 것'이 아닐까 한다. 더욱이 가슴 아픈 말이지만 40대는 이삼십대 시절에 비해 회복력도 떨어지고, 건강에 이상 징후도 하나둘 나오기 시작하는 때가 아닌가. 내 건강을 위해서나, 사회적 평판을 위해서나 절제의 중요함은 수십 번 강조해도 부족하지 않을 터다.

생각해 보기

1. 나는 술을 마신 뒤에도 내 말과 행동에 대해 책임질 수 있는가?

2. 지금까지 내가 술자리에서 했던 말이나 행동 중 후회되는 것이 있는가?

3. 내 주변 사람들은 나의 음주 습관을 어떻게 보고 있을까?

사람을 함부로 이용하지 말 것

김안로

> " 내 이익을 추구하더라도 서로 돕고 함께 성장하는 건강한 방식이 되어야 더 오래 지속될 수 있다. "

성명	김안로
생애	1481~1537(조선)
경력	좌의정, 이조판서, 대제학
주요 이력	동료들의 신뢰와 왕의 신임을 바탕으로 권력을 잡고 승승장구하지만. 그들의 도움과 지지를 자기 사적인 이익을 위해 남용하다 끝내 신뢰를 잃고 몰락하고 말았음.

간신배로 이름을 남기다

왕성한 사회 활동을 하는 시기인 40대에는, 여러 경로로 다양한 사람들을 만나는 시기이기도 하다. 직장에서든 가정에서든 어느 정도 책임과 권한을 가지면서 때로 타인을 이끌거나, 중요한 결정을 내리기도 한다. 그때마다 모든 일을 나 혼자만의 힘으로 다 해내기는 쉽지 않다. 타인의 도움이 필요한 이유다. 회사에서 팀장이라면 팀원들의 도움을 필요로 하고, 동창회 회장이라면 적당한 모임 장소를 알아봐 주는 동창의 도움이 필요하듯이 좋은 성과나 결과를 만들기 위해 타인의 힘을 빌리는 일이 잦아진다. 이때 중요한 것은 관계를 잘 다루는 능력이고, 사회적 경쟁력으로 여겨지기도 한다. 그 중요성은 아무리 강조해도 지나치지 않지만, 동시에 잊지 말아야 하는 지점이 있다. 바로 '타인의 도움은 반드시 필요하고 그것을 잘 활용하도록 하되, 그들을 함부로 이용하려는 생각'은 갖지 말아야 한다는 점이다. 타인의 고마운 도움을 마치 당연한 것처럼 오해하여 함부로 남용하다 보면, 언젠가 그 부작용의 대가를 단단히 치르기 마련이다.

조선 시대 때 간신으로 이름을 남긴 이들이 많이 있다. 한명회, 유자광, 임사홍, 윤원형 등 이들의 이름은, 역사에 관심 있다면 한 번쯤은 들어 보았을 테다. 그런데 《조선왕조실록》을 보면 이들보다 더 간악한 간신으로 묘사되고 집중적인 비난을 받은 사람이 있다. 바로 중종 때 인물인 김안로다. 사실 신진사림 출신으로 중종의 신임을 받았다는 점에서 조광조와 닮은 구석도 있었고, 조광조처럼 사림 세력의 적극적인 지지를 한 몸에 받기도 했던 그가 어쩌다 간신 중의 간신으로 그 이름을 역사에 남기게 된 것일까? 김안로는 자신의 사익을 위해 타인을 제멋대로 이용한다는 낙인이 찍힌 인물이었기 때문이다.

작서의 변을 일으키다

중종의 신임을 등에 업고 급진적인 개혁을 추진하던 조광조는 왕권에 위협을 느낀 중종의 변심으로 사약을 받게 되는데, 이 사건이 기묘사화다. 왕권 기반이 취약했던 중종은 일부 측근 신하에게 기대어서 국정을 운영하는 경향이 있었다. 조광조 이후에 여러 신하를 거쳐 새로운 국정 파트너로 지목한 이가 바로 김안로였다. 그는 사가독서(賜暇讀書)[23], 지금으로 치면 유급휴가를 받아 교육 연수를 다녀올 만큼 장래가 촉망받는 인재였다. 기묘사화의 여파로 유배를 다녀오기도 하지만, 김안로의 아들이 중종의 딸 효혜공주와 결혼하면서

23　유능하고 젊은 문신을 선발하여 일정 기간 휴가를 주고 독서에 전념하도록 하는 제도.

중종의 신임을 얻기 시작한다. 그를 반대하던 세력의 적극적인 견제로 인해 다시 유배를 떠나는데, 이때 작서의 변이라는 사건이 일어난다.

왕세자가 거처하는 집 뜰에서 꼬리가 반쯤 잘리고 눈과 입, 귀가 불로 지져진 쥐 한 마리가 발견되어 한바탕 소동이 벌어진다. 그리고 누군가가 세자를 저주하기 위해 벌인 짓이라는 소문이 항간에 떠돈다. 이때 범인으로 지목된 이가 중종의 후궁인 경빈 박씨였다. 그녀가 낳은 아들인 복성군은 비록 서자였지만 중종의 장남이었기 때문에 세자 왕위계승의 잠재적인 경쟁자였다. 경빈 박씨가 범인이라는 어떤 물증도 없었지만, 결국 신분이 강등되고 지방으로 쫓겨나고 만다. 이 '세자 저주사건' 이후, 김안로는 며느리의 동생이기도 한 세자를 보호해 줄 수 있는 인물로 급부상하며 정계에 화려하게 복귀한다. 훗날 이 작서의 변은 사실 김안로가 꾸며 낸 공작 사건이었음이 드러난다.

대간을 이용하다

유배에서 돌아온 김안로는 '억울한 유배와 고초를 겪은 청렴한 선비' 이미지 구축에 성공했다. 그리고 사림 출신들로 포진해 있던 대간(臺諫)이 김안로와 손을 잡는다. 대간은 임금과 신하들의 잘잘못을 간쟁하고 탄핵하는 신하들을 일컫는 말인데, 오늘날의 언론 기능을 수행했던 이들이다. 부정부패 스캔들이 일어나면 언론에서 보도하고 공론화하는 것과 같은 역할을 맡은 신하들이 바로 대간이었다. 김안로는 대간을 자기편으로 끌어들이고, 대간은 김안로를 적극적으로 돕기 위해 나선다. 조직에서 권력의 핵심은 결국 인사권에 있다. 김안로는 대간을 앞세워 여론을 만들고 임금을 압박해 자기 입맛에 맞는 측근들을 하나둘 주요 관직에 임명하였고, 반대 세력은 탄핵해서 쫓아낸다. 조정이 김안로 세력으로 채워지기 시작한 것이다.

그렇게 김안로는 대간을 이용하여 권력을 장악한다. 문제는 이 지점부터였다. 김안로에게 협조한 대간은 그들 나름대로 김안로에게 협조한 이유가 있었다. 기묘사화 때 억울하게 죽거나 쫓겨난 신하들의 명예를 회복시켜 주고, 조광조에 이어 개혁 정치를 해 줄 것을 기대했다. 하지만 김안로는 그러지 않았다. 중종의 신임과 대간의 협조를 통해 얻은 권력을 오로지 자기 출세와 영달을 위해서만 사용하고자 했다. 어느덧 그는 권세를 부리는 신하라는 뜻의 권신(權臣)이라 불렸고 중종도 그의 눈치를 볼 만큼 막강한 권력을 휘두르기에 이른다.

이쯤 되니 그와 협조했던 사림 세력도 이건 아니라는 것을 느끼기 시작했을 것이다. 마침내 김안로의 권력 농단이 선을 넘었다고 생각한 중종은 그를 숙청하기로 결심했고, 그를 돕던 대간도 일순간에 김안로에게서 등을 돌려 버린다. 김안로가 둘째 아들의 혼례식을 성대하게 올리던 날, 중종은 불시에 군사들을 보내 그를 붙잡아 유배를 보낸다. 그리고 김안로는 불과 3일 만에 사약을 받아 죽고 말았다.

동료는 수단이 아닌 파트너이다

한명회나 윤원형 같은 간신들에 비하면, 김안로는 권력을 누린 기간도 짧았고, 간신 노릇이 그들보다 딱히 더 심했다고 보기도 어렵다. 그럼에도 《조선왕조실록》에는 그를 혹평하는 기록이 유독 더 많이 보인다. 그 이유는 어디에 있을까? 그 기록을 쓴 사관들이 바로 김안로를 믿고 지지했던 사림 세력이었기 때문이다. 김안로에게 이용만 당했다고 느꼈던 그들의 분노는 더 강렬했다. 김안로가 유독 더 악질적인 간신배로 역사 기록에 남게 된 이면에는, 동료들이 보냈던 신뢰에 대한 배반이 있었다. 김안로는 사람을 통해 권력을 얻었지만, 그 사람들의 마음을 계속 얻는 데는 실패하고 말았다. 그들의 도움을 발판 삼아 그 자리까지 올라섰음에도 불구하고, 그 지지와 호의를 오로지 자기 이익을 위해 이용만 하다가 결국 몰락하고만 것이다.

사람은 누구나 자신의 이익을 추구하며, 그 과정에서 서로의 도움을 필요로 한다. 마치 농부들이 품앗이를 하며 서로의 논밭을 위해 함께 농사짓듯이 말이다. 이때 김안로처럼 오로지 내 농사를 위해 남을 이용할 궁리만 하는 어리석음은 범하지 말아야 한다. 내 이익을 추구하더라도 서로 돕고 함께 성장하는 건강한 방식이 되어야 더 오래 지속될 수 있다. 직장 생활을 생각해 보자. 직장 생활을 잘하는 이들은 동료들끼리 서로를 이용한다. 동료에게 나의 도움이 필요할 때는 기꺼이 이용당해 주고, 동료의 도움이 필요할 때는 내가 동료를 이용할 수 있어야 한다. 회사에서는 그것을 '팀플레이' 또는 '협업'이라 부른다. 이때 좋은 협업 관계를 유지하고자 할 때 꼭 필요한 전제가 있다. 내 욕심만을 위하거나, 그저 나 혼자 편하자고 동료의 선의를 함부로 이용해서는 안 된다는 점이다.

조광조도 주위 사람의 힘을 빌렸고, 김안로 역시 주위 사람의 힘을 빌렸지만, 각자가 위기에 처했을 때 주위에서 보내온 반응은 매우 달랐다. 조광조가 감옥에 갇히자 수많은 동료들이 그를 대변하며 나섰지만, 김안로가 감옥에 갇혔을 때는 누구도 그를 위해 나서 주지 않았다. 조광조도, 김안로도, 자신의 목표를 위해 관계를 이용했지만 그 목표가 공동의 이익에 있었는지, 그저 제 욕심에만 있었는지 그 주위 사람들은 알았기 때문이다.

이제 막 사회의 중심으로 진입한 시기인 40대에 많은 사람을 만나게 된다. 그들 중 일부는 내게 힘이 되는 고마운 조력자가 되어 주고, 때로는 나 자신이 누군가의 조력자가 되기도 한다. 이때 나의 동료가 된 이들을 대하는 태도는 매우 중요하다. 그저 나의 편익을 위해 그들을 이용하고 있는 것은 아닌가? 그들의 신뢰를 내 이익이나 출세를 위한 수단으로만 여기고 있지는 않은가? 이런 질문을 스스로에게 던질 수 있어야 한다.

그들은 반드시 기억한다. '내가 그저 이용당한 것이었구나'라고 느끼는 순간, 그 관계는 무너져 내리고 다시는 회복되지 않을 것이다. 내 주위에 도움을 주는 고마운 사람들이 있다면 그들을 그저 내 목표를 위한 발판이 아니라, 인생 일부를 함께 걸어가는 동반자로 여길 수 있어야 한다. 이 원칙을 마음속에 단단히 새긴다면, 40대 이후의 관계는 쉽게 무너지지 않을 것이다.

생각해 보기

1. 나는 동료를 진심으로 존중하며 함께 일하고 있는가, 아니면 필요할 때만 이용하고 있는가?

2. 내가 추구하는 성공은 나 혼자만의 이익인가, 아니면 함께하는 성장인가?

3. 내가 권한이나 영향력을 갖게 되었을 때, 그 힘을 어떻게 사용할 것인가?

SNS를 경솔하게 하지 말 것

김종직

성명	김종직
생애	1431~1492(조선)
경력	홍문관제학, 병조참판, 공조참판
주요 이력	생전에 세조의 왕위 찬탈을 비판하며 쓴 글인 〈조의제문〉이 세간에 알려지면서 무오사화의 빌미가 되었고, 수많은 사림이 죽거나 유배를 당하는 참사가 발생함.

SNS는 신중하게

페이스북이나 카카오톡 같은 SNS가 우리 일상에 깊숙하게 침투한 지 이미 오래다. SNS는 사람들을 수평적으로 연결하여 서로의 공감대를 형성하고 빠르게 소통할 수 있도록 도와준다. SNS를 통해 유익한 정보를 간편하고 빠르게 공유받을 수 있다는 장점도 있다. 동시에 부작용도 무시할 수 없다. SNS의 전파력을 악용해 익명에 숨어서 허위 정보를 퍼트리기도 하고, SNS에 무심코 올린 글이 의도했던 바와 달리 여기저기 퍼져서 곤란을 겪는 경우도 있다. SNS는 양날의 검과 같아서 잘 활용하면 관계를 돈독히 하고 커뮤니티 형성에 도움이 되지만, 경솔하게 사용하면 돌이킬 수 없는 결과를 낳을 수도 있는 것이다.

많은 사람들이 지켜보는 회사 단톡방에서 팀원에게 공개 망신을 주는 리더로 인해 팀 내 불화가 생기기도 하고, SNS에서 동료 직원 사생활에 대해 뒷담화를 했다가 고소당한 사례도 있다. 심지어 SNS에 홧김에 올린 글이 일파만파로 퍼지면서 본인뿐만 아니라 회사 평판에도 심각한 악영향을 미쳐 해고당한 경우도 있다. 가볍게 올린 SNS 글이라 해서 단순히 가볍게 치부할 수 없는 이유다. 특히 각자의 위치에서 부여되는 사회적 책임과 더불어 평판을 중요하게 여기게 되는 40대에 SNS 사용은 더욱 신중한 태도가 요구된다. 이제 막 사회생활을 시작한 이삼십 대 시절의 실수는 그 잘못의 크기에 따라 어느 정도 용납될 수 있겠지만, 40대에 접어들면 높아진 기대만큼 말과 행동에 좀 더 엄격한 기준을 요구받을 때가 많다. 그것을 충족하지 못해 발생한 피해는 나 자신뿐만 아니라, 내 주위에도 번질 수 있다는 점을 간과해서는 안 된다.

글 한 편이 원래 의도를 넘어 큰 파장을 낳았던 사례는, SNS는커녕 통신망도 발달하지 않았던 조선 시대에도 있었다. 조선 전기 때 인물인 김종직이 썼던 〈조의제문〉이라는 글이 나중에 엄청난 파장을 일으키며 수많은 목숨을 잃게 만든 무오사화로까지 이어졌던 사건이 그것이다.

무오사화의 빌미가 되다

조선의 9대 왕 성종은 당시 정권을 장악한 훈구파를 견제하고 도학정치의 이상을 실현하겠다는 목적으로 사림 개혁파 중심인물인 김종직을 등용한다. 이때 훈구파는 수십 년 전 세조가 계유정난이라는 쿠데타를 일으켜 정권을 장악했을 때 가담하여 공신이 된 인물들이었다. 김종직은 대의명분을 중시하던 사림파 거두답게 조카인 단종의 왕위를 빼앗은 세조를 비판하는 입장에 있었고, 여기 동조한 신숙주, 정인지 등의 훈구파 공신들에도 매우 부정적이었다. 그가 쓴 글인 〈조의제문〉에는 이러한 인식이 고스란히 담겨 있었다. 〈조의제문〉은 중국 진나라 때 항우가 의제라는 초나라 왕을 폐위한 사건을 빗대어 세조의 왕위 찬탈을 비판한 글이었다. 이 글은 김종직의 문집에 실려 있었지만 세간에 알려져 있지는 않았다. 그러다 훗날 그가 세상을 떠난 이후 제자 김일손이 〈성종실록〉의 기초 사료인 사초에 실은 사실이 밝혀지며 큰 논란을 촉발시킨다.

《조선왕조실록》은 왕이 세상을 떠나면 그 후대 임금에 의해 편찬되었기 때문에, 성종 시절의 역사 기록인 〈성종실록〉도 그의 아들 연산군 재위 시절에 편찬되었다. 당시 중앙권력에서 밀려나 호시탐탐 복귀할 기회를 엿보고 있던 유자광은 〈조의제문〉이 〈성종실록〉 사초에 실린 사실을 알게 되었다. 유자광은 지방관청에 걸려 있던 자신의 글을 지방관으로 부임한 김종직이 불태워 버렸던 일도 있었기 때문에 개인적으로도 원한이 있던 터라, 이 글을 정치적으로 이용하고자 마음먹는다.

유자광은 연산군에게 상소를 올린다. 〈조의제문〉은 감히 선대 임금인 세조를 비판하는 글이므로 이 글을 쓴 김종직은 대역무도한 죄인이며, 이것을 사초에 실은 김일손 또한 마찬가지라는 비난이 가득 실려 있었다. 연산군 입장에서 자신의 증조부이자 존경하는 선대왕이던 세조에 대해 비판한 글을 기분 좋게 보았을 리는 없을 것이다. 게다가 사사건건 자신에게 트집 잡고 귀찮게 하는 사림 세력이 눈엣가시 같던 차에, 그들을 일거에 숙청할 수 있는 좋은 기회로 여겨졌다. 결국 연산군은 이 사건을 빌미로 수많은 사림들을 사형시키거나 유배 보낸다. 이미 세상을 떠났던 김종직은 그 시신이 관에서 꺼내어져 부관참시[24] 되는 모욕을 당한다. 이 사건이 바로 연산군 때 발생했던 무오사화의 전말이다.

SNS를 주의해야 하는 이유

〈조의제문〉이 김종직의 문집에만 실려 있고 사초에 실리지 않았다면 문제 되지 않았을 가능성이 높다. 그 문집에 있던 글을 김일손이 사초로 옮겨 적은 것이 계기가 되어 세간에 알려지면서 무오사화로까지 번지게 된 것이다. 다시 말해 무오사화가 발생한 배경에는 〈조의제문〉이라는 글의 내용도 내용이지만, 글이 가진 특성, 즉 글 자체의 '전달력'으로 인해 기인한 바가 크다는 점을 무시할 수 없다.

"낮말은 새가 듣고 밤말은 쥐가 듣는다"는 옛 속담처럼 말은 어떻게 전달될지 모르기 때문에 늘 조심할 필요가 있다. 하물며 기록으로 남기는 글은, 때로 말보다 훨씬 빠르고 광범위하게 전파되어 상상도 못 한 결과를 낳을 수도 있다. 물론 김종직이 자기 생각과 양심

24　이미 사망한 사람의 죄상이 뒤늦게 드러났을 때 그 관을 부수고 시신을 참수하는 형벌.

김종직

에 따라 쓰고서 개인 문집에 실은 글을 그런 식으로 정치적 이익을 위해 이용한 자들의 잘못이 절대적이라는 건 부인할 수 없다. 다만 이 역사 이야기를 통해 한 번쯤 생각해 볼 만한 교훈은, 내가 쓴 글이 어떻게, 어떤 형태로 전해져 나에게 다시 되돌아올지 모른다는 사실이다. 종이에 쓰인 글도 이 정도 영향력을 가지는데, SNS처럼 대단한 전파력과 파급력이 있는 공간에 글을 쓸 때는 내 글이 어떤 영향력을 미칠지, 또 어떤 파장을 낳을지 주의하는 것이 마땅하다. 특히 타인에 대한 비난으로 해석될 가능성이 있는 글이라면 더욱 경계해야 할 필요가 있다.

글은 문신(文身)이다

'글월 문(文)'은 글을 뜻하는 한자다. 이 한자는 사람의 가슴에 무언가를 새긴 모양에서 유래되어서 원래는 '몸에 새기다'라는 뜻이었다고 한다. 즉, 몸에 문신을 새긴 것이 이 글월 문이라는 한자의 유래인 것이다. 이 한자를 보면, 글을 쓴다는 건 내 몸에 문신을 새기는 것과 다름없다는 깨달음을 준다. 일단 한번 몸에 새기면 좀처럼 지우기 힘든 문신처럼, 글도 마찬가지라는 사실을 말이다. 특히 이성적으로 충분히 판단하지 않고 홧김이든, 감정적으로든 SNS에 잘못 올린 글 한 편이 어떤 형태로 박제되어 두고두고 나를 괴롭히게 될지도 모른다는 사실을 꼭 기억해야 한다.

직장 생활을 하면서 발생한 불만을 사사로이 SNS에 올리는 것은 특히 주의할 필요가 있다. 무오사화가 있고서 약 100여 년 뒤 인물인 허균은, 김종직이 세조 때 관직에 진출하고 벼슬을 지냈으면서 세조를 비난하는 〈조의제문〉을 쓴 것은 가소로운 일이라고 비판한 바 있다. 물론 민주주의 국가에서 표현의 자유는 헌법이 보장한 권리다. 내 감정과 기분을 SNS에 올리는 것은 내 자유이고, 그것 자체를 두고 뭐라 할 수는 없을 것이다. 하지만 직장 생활 중에 생길 수 있는 이런저런 불만을 SNS에 적나라하게 올리고 드러내는 것이 과연 나에게 얼마나 실질적인 도움이 될지는 생각해 볼 일이다. 더구나 그 자유가 타인의 명예를 훼손하거나 자신과 주변 사람들에게 심각한 피해를 줄 수도 있는 방향으로 진행될 우려가 있다면 더욱 주의해야 하는 것은 너무나 당연하다. 특히 직장이나 가정에서, 또 사회에서 중요한 책임을 맡고 있는 40대라면 더욱 신중하고 절제된 태도가 요구된다.

SNS는 내 생각과 감정을 세상에 드러내는 창구인 동시에, 이를 통해 나라는 사람이 평가받는 거울이기도 하다. 내가 쏟아 낸 말과 글이 그 거울에 그대로 반사되어 나에게 돌아온다는 점을 기억해야 한다. 그러므로 순간의 감정에 휘둘리기보다 내가 쓴 글이 어떤 영향을 미칠지, 어떤 파장을 낳을지를 충분히 고민한 뒤에 SNS를 활용하는 것이 바람직하다. 칼 때문에 손을 베일 수 있는 우려가 있다고 해

김종직

서 요리할 때 칼을 전혀 쓰지 않는 것은 현명한 행동이라 할 수 없다. 칼을 제대로 잘 쓰는 요령이 중요한 것이다. SNS도 마찬가지다. 이미 우리 삶 깊숙이 들어온 SNS를 내 삶에 도움이 되는 방향으로 잘 활용하되, 경솔하게는 사용하지 않는 지혜가 필요하겠다.

1. 내가 SNS에 올린 글이나 댓글이 나의 평판에 영향을 주었던 경험이 있는가?

2. 타인에 대한 비판이나 불만을 SNS에 공개적으로 표현하는 것에 대해 어떻게 생각하는가?

3. SNS에 글을 쓸 때, 그 힘과 전파력을 충분히 인식하고 글을 쓰는가?

너무 조급하지 말 것

강감찬

성명	강감찬
생애	948~1031 (고려)
경력	문하시중, 중서시랑평장사, 예부시랑
주요 이력	60세가 넘은 나이로 정4품 벼슬인 예부시랑에 올랐으며. 71세에 거란의 3차 침략을 막기 위한 총사령관에 임명되어 귀주대첩의 역사적인 승리를 거둠.

강감찬 장군은 처음부터 명장이었을까?

우리나라 역사상 가장 큰 승리를 거둔 전투로 을지문덕 장군의 살수대첩, 강감찬 장군의 귀주대첩, 이순신 장군의 한산도대첩을 꼽는다. 이 3대 대첩은 풍전등화에 처한 국가 멸망 위기에서 극적으로 구해 낸 승리였다는 공통점이 있다. 그중에서도 강감찬 장군이 이끈 귀주대첩은 당대 최고 강대국이던 거란족 요나라가 자랑하는 최정예병 10만 명을 거의 몰살시킨 대단한 승리였다. 고려는 이 전쟁 이후 누구도 만만하게 볼 수 없는 나라가 된 것은 물론, 오랜 기간 번영할 수 있었던 초석을 쌓을 수 있었다. 역사적으로 대단한 의미를 갖는 승리를 거둔 강감찬이기에 그가 처음부터 뛰어난 장군이었고, 잘나가는 인물이었다고 생각하기 쉽다. 하지만 뜻밖에도 이는 사실과 거리가 멀다. 강감찬은 딱히 잘나가는 인물도 아니었을 뿐더러, 전투 경험이 많은 명장도 아니었다. 더구나 귀주대첩을 대승리로 이끈 제3차 여요전쟁은 그가 전장에 나선 처음이자 마지막 전쟁이었다. 하지만 이 한 번의 전쟁으로 강감찬은 역사에 길이 이름을 남긴 인물이 되었다.

아웃사이더였던 '체모왜루' 관리

전설에 따르면, 강감찬이 태어났을 때 큰 별이 집에 떨어졌다고 한다. 그의 탄생 일화는 매우 비범해 보이지만, 사실 그가 살았던 삶도 늘 그랬던 건 아닌 듯하다. 36세의 나이에 장원으로 급제했다지만, 이후 그에 대한 기록은 오랫동안 등장하지 않는다. 대신 좀 특이한 기록이 있는데, 그의 외모를 일컬어 '체모왜루(體貌矮陋)', 즉 체격이 작고 얼굴이 못생겼다는 기록이 그것이다. 공식 역사서에 따로 기록될 정도면, 강감찬은 정말로 못생긴 외모를 가지고 있었던 듯하다. 거기에다 과거 급제 이후 오랫동안 기록에 등장하지도 않는 것으로 보아 그는 딱히 주목받지도, 잘나가지도 않는 그저 그런 관리 중 한 명이었던 것 같다. 요즘 표현대로라면 루저나 아웃사이더였다고 볼 수 있지 않을까 싶다.

그랬던 강감찬이 다시 역사 기록에 등장하는 것은 과거 급제 이후 26년이 지나, 62세의 나이로 예부시랑(禮部侍郎)[25]에 임명되면서부터이다. 그로부터 1년 뒤, 거란족이 세운 당시 최강대국 요나라 황제 성종이 직접 40만 명의 군사를 거느리고 고려 침략을 감행한다. 서희가 외교로 강동 6주를 얻은 것으로 유명한 제1차 여요전쟁으로부

-----

25 고려 시대 문화, 교육, 인사, 외교 등의 업무를 담당한 기관인 예부의 차관급 벼슬.

강감찬

터 17년 뒤, 제2차 여요전쟁이 발발한 것이다. 강조가 30만 명의 군사를 이끌고 맞서지만, 허무하게 사로잡히면서 참패를 당하고 고려는 그야말로 풍전등화의 위기에 봉착한다. 겁에 질린 대다수의 신하들은 거란에 항복할 것을 주장하던 그때, 63세의 노관료 강감찬이 나선다. 그는 항복도 아닌, 수도 개경에서의 결사 항전도 아닌, '몽진(蒙塵)[26]'이라는 새로운 주장을 펼친다.

일단 남쪽으로 피난 가서 시간을 벌고 끝까지 싸우자는 의견이었다. 현종은 강감찬의 의견을 따르기로 한다. 수도 개경을 벗어난 지 겨우 3일 만에 함락되었다고 하니 무척 아슬아슬한 탈출이었다. 그 사이 아직 건재해 있던 고려군이 곳곳에서 거란군 후방을 위협하고, 하공진이란 장수가 주도한 거짓 항복 작전이 성공하면서 거란군은 마침내 철수를 결정한다. 몽진을 주장한 강감찬의 전략 덕분에 위기를 무사히 넘긴 것이다. 현종은 "강공의 계책을 쓰지 않았다면 온 나라가 모두 오랑캐가 되었을 것"이라 말할 정도로 강감찬을 극찬한다. 오랫동안 역사가 주목하지 않았던 인물 강감찬의 활약이 두드러지기 시작한 것은 바로 이때부터다. 그리고 8년 뒤 거란이 재침략해 온 제3차 여요전쟁이 발발하면서 강감찬은 자신의 이름을 역사 전면에 기록하게 된다.

---

26   왕이 난리를 피해 안전한 곳으로 대피하는 것.

일흔이 넘은 나이로 구국 영웅이 되다

고려는 왕이 직접 요나라 황제를 찾아가 항복하겠다는 '친조'를 약속했지만 계속 병을 핑계 대며 약속을 지키지 않았다. 이에 성종은 고려에 강동 6주 영토를 반환하라고 압박하지만, 이 요구도 무시해 버린다. 아마도 성종 입장에서는 세게 뒤통수 맞은 기분이었을 것이다. 단단히 화가 난 성종은 괘씸한 고려를 혼내 주고자 소배압에게 정예기병 10만 명을 내어 주며 고려 재침공을 명령한다. 제3차 여요전쟁은 이렇게 시작되었다. 당대 최고 강대국이던 요나라가 자랑하는 최정예병 10만 명이 다시 국경을 넘어 쳐들어온다는 것은 고려에 정말 큰 위기가 아닐 수 없었다. 현종은 거란의 대군을 막을 총사령관으로 강감찬을 즉각 임명하지만 이 결정은 좀 무모해 보였다. 문관 출신인 강감찬은 지휘관 경험은커녕 평생 전장에 나서본 적도 없었기 때문이다. 그럼에도 강감찬에게 막중한 책임을 맡긴 것은 그의 뛰어난 병법과 전술 능력에 대한 믿음이 있었기 때문일 것이다. 실제로 강감찬은 대단한 전략과 전술로 전쟁을 유리하게 이끌며 그 믿음에 보답한다.

우선 압록강을 건넌 거란군이 흥화진 동쪽으로 우회해서 삼교천이라는 강을 건널 것을 예측했다. 쇠가죽으로 둑을 만들어 강물의 유속을 느리게 만들었다가, 거란군이 반쯤 지났을 때 둑을 터뜨려 물살에 휩쓸리게 만든 것이다. 혼란에 빠진 거란군은 갑자기 나타난 고려군에 의해 도륙당한다. 갑작스러운 패배에도 소배압은 멈추지 않고 수도 개경을 향해 빠르게 진격한다. 하지만 이것도 예상했던 강감찬은 미리 준비한 부대를 동원하여 거란군에 막대한 피해를 입힌다. 거란군은 마침내 힘들게 개경까지 도달하지만, 지난 전쟁 때는 볼 수 없었던 외곽 성벽까지 둘러쌓고 만반의 준비를 마친 개경은 이제 무적의 철옹성처럼 보였다. 결국 소배압은 철군 결정을 내린다. 그리고 귀주에서 맞닥뜨린 강감찬의 군대와의 전투에서 대패를 당하였고, 겨우 살아 돌아간 군사가 수천 명뿐이었다고 한다. 요나라 역사상 이처럼 큰 패배를 당한 사례는 없었다고 할 정도의 참패였다. 이때 강감찬의 나이가 72세였다. 그리고 81세의 나이로 마침내 고려 최고 벼슬인 문하시중(門下侍中)에 오른다. '체모왜루'라 불리며 보잘것없는 관리였던 강감찬은 그렇게 백발이 성성한 나이에 고려의 구국 영웅이 된 것이다.

나의 전성기는 아직 오지 않았다

누구나 빨리 승진하고 싶어 하고, 빨리 출세하고 싶어 한다. 남들보다 빨리 승진을 거듭해서 임원이 되고 싶은 직장인도 있고, 주식이나 코인이 대박 나서 경제적 자유를 빠르게 누리고 싶은 사람도 있을 것이다. 이런 욕망을 갖는 것은 누구에게나 자연스러운 일이이다. 특히 치열한 경쟁이 미덕처럼 여겨지는 우리 사회에서 조금이라도 뒤처지면 낙오될 것만 같은 불안감은 종종 우리를 엄습해 온다. 지난 시간의 결과물이 조금씩 보이기 시작하는 40대가 되면, 그 조바심이 특히 더 커질 수도 있다. 심지어 '나는 왜 이 정도밖에 안 되었을까' 하는 자책이 몰려올 때도 있다.

어쩌면 강감찬도 그랬을지 모르겠다. 화려한 장원급제로 관직을 시작했지만, 그의 출세는 더디기만 했고 앞이 보이지 않는 미래 때문에 좌절의 연속이었을지도 모른다. 자신보다 앞서가는 사람들을 보며 그냥 다 포기하고 싶다는 생각을 했을 수도 있겠다. 하지만 강감찬은 실력 쌓는 것을 게을리하지 않으면서 자신의 때를 기다렸다. 전쟁에 한 번도 나서 본 적이 없던 노관료가 역사에 길이 남을 대승리를 이끈 것은 결코 운이 전부였다 말할 수 없다. 당장의 성공과 출세에 대해 조바심을 갖지 않고, 자신에게 기회가 올 때까지 계속해서 실력을 쌓았기에 비로소 가능했던 일이다.

강감찬뿐만이 아니다. 조선 시대 인물 박문규는 83세의 나이로 과거에 급제했고, 30세에 관직 생활을 시작한 윤경이란 인물은 90세가 되어서 공조판서라는 장관직에 올랐다. 그들의 공통점은 자신의 목표를 이루기까지 끊임없이 실력을 쌓고 도전했다는 사실이다. 혹시 저만치 앞서가는 것만 같은 사람들을 바라보며, 나의 전성기는 이미 끝났다고 자조한 적이 있지 않은가? 아니다. 나의 전성기는 아직 오지도 않았다. 분명한 목표가 있고, 그것을 실현하기 위해 계속해서 실력을 쌓아 가고자 하는 의지가 내게 남아 있는 한, 내가 꿈꾸는 그 날은 반드시 올 것이다. 우리가 강감찬 장군을 '체모왜루'한 보잘것없는 관리가 아니라, '귀주대첩의 영웅'으로 기억하는 것처럼 말이다.

제2장

인생의 균형을 찾기 위해

진심으로 귀를 기울일 것

> "
> 소통은 내가 말하는 것과
> 듣는 것의 합이라 할 수 있다.
> "

성명	왕현(의종)
생애	1127 ~ 1146 (고려)
경력	고려 제18대 국왕
주요 이력	정치에는 아무런 관심 없이 오로지 유흥에만 몰두하고 문신과 무신의 심각한 갈등을 방치하다 무신 반란인 무신정변으로 폐위를 당하고 죽게 됨.

무신정변은 왜 일어났을까?

내가 원하는 성취를 이뤄 내기 위해 중요한 능력 중 하나는 타인을 설득하는 힘이다. 투자자 앞에서 프레젠테이션을 하거나 회사 경영진을 대상으로 보고서를 작성하는 일 모두 결국은 상대를 설득하는 과정이며, 이것은 세상을 살아가는 데 있어 중요한 경쟁력이다. 하지만 나이가 들고 높은 자리에 오를수록 한 단계 더 나아간 능력이 요구되는데, 그것은 바로 사람의 마음을 얻는 능력이다. 말을 조리 있게 잘하는 사람이 설득을 잘한다면, 마음을 얻는 사람은 여기에 한 가지를 더 갖추고 있다. 바로 상대의 말을 귀 기울여 듣는 경청의 자세다. 특히 중요한 결정을 내려야 하는 자리일수록, 이 태도는 실수를 최소화하고 올바른 판단을 내리기 위해 더 절실하다.

고려 시대에 무신정변이라는 사건이 있었다. 대장군 정중부를 위시한 무신들이 수많은 문신을 죽이고 무신정권을 수립한 사건이다. 이 무신정변을 중심으로 고려사가 전기와 후기로 나뉠 만큼 중요한 사건이다. 이때 고려를 다스리던 임금이 의종이었는데, 그 또한 무신들에 의해 폐위당한 뒤 결국 비극적인 최후를 맞는다. 무신들은 왜 반란을 일으켰고, 의종은 어쩌다 그들의 마음을 잃고 말았을까? 무신정변이 전개되는 과정을 들여다보면, 우리 인생에도 경청하는 자세가 중요한 이유를 깨닫게 된다.

무신들이 불만을 갖게 된 이유

고려 건국의 주역인 호족 세력과 과거제도를 통해 유입된 신진 관료층은 점차 문벌귀족이라는 특권층으로 진화한다. 특히 5품 이상의 고위 관리는 세습 가능한 토지인 공음전(功蔭田)을 받았을 뿐만 아니라, 그들의 자식은 과거를 거치지 않고도 벼슬길에 오를 수 있는 음서제(蔭敍制)의 특권까지 누린다. 최상층에 있는 가문들끼리, 또 왕실과 혼인 관계를 맺으면서 자기들만의 세계를 구축하게 되는데 이들 대부분이 문신 출신이었다. 고려 전기의 특권층인 문벌귀족 세력은 이런 과정을 통해 형성되었다.

이에 반해 무신 세력은 권력에서 소외되었고 문벌귀족의 호위병 지위 정도로 격하되고 말았다. 무신들은 왕과 문신들이 매일같이 건배를 외치는 연회장을 지키는 문지기 노릇이나 하고 있어야 했으니 그 불만이 점점 증폭될 수밖에 없었다. 심지어 이런 일도 있었다. '나례(儺禮)[27]'라는 행사 중에 문신과 무신들이 함께 어울려 뛰어놀던 중이었다. 당대 최고의 문벌귀족이자 역사서 《삼국사기》의 저자로도 잘 알려진 김부식의 아들 김돈중이라는 문신이 장난으로 무신 정중부의 수염을 촛불로 태워 버린 것이다. 무신들 사이에서 존경받던

---

27 음력 12월의 마지막 날, 묵은해의 잡귀를 몰아내고 정결한 새해를 맞이하고자 행하던 궁궐 의례.

정중부에게 철부지 어린애 같은 행동을 한 것이다. 격분한 정중부는 김돈중을 두들겨 패고 욕설을 퍼부었다. 폭력의 정당성을 떠나 정중부 입장에서는 충분히 이해될 만한 일이었다. 그런데 김부식은 자식의 잘못을 꾸짖기는커녕 오히려 무신 따위가 감히 자기 아들을 때렸다며 분노하여 정중부를 처벌해 달라고 임금인 인종에게 강력히 요청한다. 인종의 배려로 그런 불상사까지 이어지지는 않았지만, 당시 무신을 바라보던 문신의 시선이 어땠는지 극명히 보여 준 사례다.

지혜로운 군주였던 인종과 달리, 뒤를 이은 의종은 쉽게 말해 망나니였다. 그는 왕으로서 마땅히 해야 할 책무는 나 몰라라 하고, 오로지 향락에만 혈안이 되어 있었다. 화려한 뱃놀이를 위한 배를 건조하고, 유흥 놀이터를 만들기 위한 토목 공사가 끝없이 이어졌을 정도였다. 그런 그에게 문신과 무신 사이의 깊어진 갈등 따위는 안중에도 없었다. 밤낮으로 부어라 마셔라 하는 잔치의 주연은 의종과 그의 측근 그리고 문신들이었고, 그 곁에서 소외된 무신들의 불만은 나날이 커져만 갔다. 그렇게 무신정변이라는 시한폭탄에 불이 붙은 심지는 점차 타들어 가기 시작했다.

결국, 무신정변이 일어나다

마침내 무신들은 의종이 보현원이라는 곳에 행차하기로 한 날 반란을 일으키기로 모의한다. 그런데 바로 그날, 의종도 뭔가 꺼림칙한 기운을 느꼈는지, 혹은 그저 새로운 놀거리를 생각해 낸 건지 알 수 없지만 깜짝 이벤트를 연다. 그간 고생이 많은 무신들을 위로하겠다며 오병수박희 행사를 연 것이다. 오병수박희는 마주 서서 손으로 밀고 치면서 무예를 겨루는 놀이인데, 좋은 성적을 거둔 무신들에게는 후한 상도 내리기로 한다. 그런데 여기서 또 하나의 돌발 사건이 일어난다. 나이 많은 대장군 이소응이 경기 도중 기력이 떨어져 경기장을 나가는데, 한뢰라는 젊은 문신이 난데없이 달려들어 그의 뺨을 때리고 뜰 아래로 밀어뜨린 것이다. 이 장면을 본 의종과 문신들은 제지하기는커녕 박장대소하며 깔깔거린다. 매우 무례한 행동에 격분한 정중부가 한뢰를 꾸짖지만, 의종은 뭐 그만한 일로 화를 내냐며 되려 면박을 줄 뿐이었다.

그리고 그날 밤, 예정되어 있던 대로 무신정변이 일어났다. 어쩌면 무신정변을 막을 수 있었던 최후의 기회를 의종 스스로 날려 버리고 만 셈이었다. 흥미로운 점은 쿠데타가 벌어져 수많은 문신들이 피 흘리고 자신도 곧 쫓겨날 신세가 되고 만 그날 밤에도, 의종은 침소에 돌아와 술 마시고 잠들었다는 사실이다. 아마 역사적으로 이 정도로 무능하고 무책임하면서도, 동시에 태평했던 리더는 손에 꼽히지 않을까 싶다.

소통을 잘하려면

무신정변이 발생한 날에 열렸던 오병수박희가 무신들의 사기 진작을 위한 행사였다는 점이 눈길을 끈다. 오로지 향락에만 몰두하며 무신들의 불만에 아무 관심도 없던 의종이지만, 그들을 위로하겠다며 이벤트를 열었던 그 순간만큼은 어쩌면 진심이었을지도 모르겠다. 하지만 의종에게는 무신들의 고충을 제대로 경청하고 이해해 보려는 마음이 없었다. 무엇보다 그들을 전혀 존중하지도 않았다. 한뢰가 이소응을 모욕하는 상황이 벌어졌을 때 의종은 신하들을 이끄는 리더로서 응당 그를 책망해야 했지만, 그저 함께 깔깔거렸을 뿐이다. 무신들을 위로한다며 열었던 행사지만, 이처럼 진정성 없는 일회성 이벤트는 무신들의 반감만 더 악화시켰고, 마침내 무신정변을 기정사실화하는 기폭제가 되고 말았다. 의종이 조금만 성의를 보여 무신들의 말을 경청하고 그 불만을 달래 주고자 했다면, 어쩌면 역사는 달라질 수도 있지 않았을까?

사회 활동을 하며 사람들과 관계를 갖다 보면 갈등이 생길 수도 있다. 각자 다른 정체성을 가지고, 저마다의 삶을 살아온 이들이 어울려 살아가는 과정에서 갈등이 전혀 생기지 않는다면 오히려 그것이 더 이상하다. 갈등이 안 생기도록 하는 것보다 더 현실적이고 중요한 것은, 갈등이 생겼을 때 어떻게 풀어 나가느냐다. 그리고 그 첫

단추는 얼마나 소통을 잘하는가에 달렸다. 소통은 내가 말하는 것과 듣는 것의 합이라 할 수 있다. 말하는 것만큼이나 상대의 입장을 잘 듣는 것, 즉 경청하는 것이 중요하다는 뜻이다. 상대가 나에 대해 어떤 불만이 있는지, 내가 혹시 모를 어떤 실수를 했는지 잘 들으려 하는 자세가 있어야만 그다음 해결을 위한 단계로 나아갈 수 있다.

소통의 출발은 경청이다

경청을 한자로 풀어 보면 '傾'(기울 경)과 '聽'(들을 청)으로 구성되어 있다. 귀를 기울여 듣는다는 것인데, 특히 聽은 보고(直), 듣고(耳), 마음으로 느끼는(心) 모든 행위를 한데 아우르는 의미다. 온몸과 마음을 다해 상대방의 말을 들어야 한다는 것이다. 그래야 진심으로 경청할 수 있다.

무신정변 직전에 있었던 오병수박희 행사를 떠올려 보자. 평소 경청하려는 태도가 전혀 보이지도 않던 의종이 그런 깜짝 이벤트를 열어 준다고 해서 오래도록 켜켜이 쌓여 온 무신들의 불만이 단번에 사라질 리 없었을 테다. 마치 평소 아이와 전혀 대화도 하지 않고, 어떤 생각으로 하루를 보내는지 전혀 들어 보려 하지도 않던 부모가 아이 생일을 맞아 멋지고 화려한 생일잔치를 열어 주는 것과 같다. 그런 생일잔치를 한들 그 아이는 진심으로 기쁘고 행복할까. 아이는 그런 성대한 이벤트보다 매일 부모가 곁에 앉아 자신의 얘기를 들어주는 시간을 더 갈망할 것이다. 이것은 부모 자식뿐만 아니라, 모든 관계에서 마찬가지다. 소중히 여기는 관계일수록 평소 상대의 말을 경청하려는 마음이 필요하다. 특히 40대는 일터에서, 가정에서, 여러 모임에서 관계를 형성하며 활발하게 활동하는 시기다. 또한 관계의 옥석을 가리는 시기이기도 하다. 그러므로 그 어느 때보다 경청의 중요성을 상기해야 할 때다.

의종의 몰락은 결국 소통의 실패에서 비롯되었다. 소통은 거창한 계기나 특별한 자리를 만들어야만 할 수 있는 것이 아니다. 오히려 일상 속에서 자연스럽고 꾸준하게 이루어져야 한다. 모든 관계가 무너지는 가장 큰 이유는 소통의 단절에 있고, 그 출발점은 언제나 경청하지 않는 태도에 있다.

1. 나는 일상에서 타인의 불만이나 감정을 얼마나 진심으로 듣고 있는가?

2. 내가 놓치고 있었던 주변 사람의 마음이나 신호는 없었는가?

3. 갈등이 생겼을 때 나는 말로 설득하려 했는가, 아니면 먼저 듣고자 했는가?

응원하는 마음을 가질 것

황희

성명	황희
생애	1363~1452 (고려~조선)
경력	영의정, 좌의정, 우의정, 이조판서
주요 이력	영의정 18년을 비롯해 24년간이나 정승 벼슬을 지낼 만큼 임금의 깊은 신임을 받았으며, 김종서 등 뛰어난 실력을 가진 후배들을 많이 양성함.

영의정을 18년간 할 수 있었던 비결

우리나라 임명직 공무원 중 가장 높은 직위는 국무총리다. 조선 시대에는 그 역할을 영의정, 좌의정, 우의정이라 불리는 세 명의 정승이 맡았는데, 그중에서도 최고위직인 영의정은 조선 시대 사대부라면 누구나 선망하던 자리였다. 그런데 대대손손 가문의 영광으로 여겨질 만큼 아무나 할 수 없는 이 영의정을 무려 18년간이나 지내며 조선 시대 기네스북에 오른 인물이 있다. 바로 세종 때 영의정이었던 황희다. 한국 역사상 최고의 성군으로 손꼽히는 세종이 오랜 기간을 두고 신임했다는 사실만으로도, 황희가 얼마나 뛰어난 실력의 보유자였을지 충분히 짐작하고도 남는다. 하지만 영의정은 단순히 실력만으로 오를 수 있는 자리가 아니었다. 그 어려운 자리를 18년이나 지낼 수 있었던 것은 고위 관리로서의 실력뿐만 아니라, 자신의 리더인 임금과 팔로워인 신하들 모두의 신망을 두텁게 받았기에 가능한 일이었다.

특히 그는 후배들 사이에서도 존경받는 선배였다. 그가 후배들로부터 훌륭한 선배로 기억되고 진심 어린 존경을 받을 수 있었던 것은, 그저 마음씨 좋은 선배였기 때문만은 아니다. 황희에게는 후배들이 자신처럼 잘 성장해 주기를 바랐고, 진심으로 그들을 아끼고 응원하는 마음이 있었다. 황희의 그런 면모는 훗날 그와 마찬가지로 영의정에 오르는 김종서와 있었던 에피소드에서 잘 드러난다.

야근 중에 생긴 일

한번은 영의정 황희와 좌의정 맹사성이 밀린 업무가 너무 많아 며칠째 야근을 하던 중이었다. 그런데 이 모습을 본 후배가 있었다. 지금의 국토교통부 장관이라 할 수 있는 공조판서 김종서였다. 두만강 유역의 육진 개척을 이뤄 내며 오늘날의 국경선을 확정 지은 것으로도 유명한 인물이다.

김종서가 보기에 나이 지긋한 원로대신들이 늦게까지 일하느라 고생하는 모습이 안쓰러웠는지, 수하 관리를 불러 자신이 맡고 있는 공조의 예산을 이용해 다과상을 준비해 오라 시킨다. 야식이 도착하고 김종서가 주문한 것을 알게 된 황희는 그를 불러오라고 한다. 아마도 김종서는 센스 있게 야식을 준비해 준 것에 대한 고마움을 듣게 되지 않을까 기대했을지 모른다. 하지만 황희에게 불려 온 그는, 뜻밖에도 칭찬은커녕 호된 꾸지람만 듣는다. 당시에는 대신들이나 외국 사신을 접대하기 위한 예빈시(禮賓寺)라는 관청이 있었다. 황희가 화를 낸 이유는 자신이 일하다가 필요하면 예빈시에 있는 다과를 시켜서 먹으면 될 일인데, 그것과 전혀 상관없는 공조의 예산을 사사로이 사용했다는 데 있었다. 판서, 즉 장관이라는 중요한 직책을 맡은 사람이 공과 사를 제대로 구분하지 못한다는 책망이었다. 김종서는 호되게 꾸짖는 직장 상사이자 선배인 황희 앞에서 잘못을 시인하고 용서를 구할 뿐이었다. 그렇게 김종서가 물러난 뒤 옆에서 지켜보던 맹사성은 큰돈을 횡령한 것도 아닌데 그저 나름 좋은 마음으로 그런 것을 가지고 그렇게 사정없이 혼낼 필요까지 있느냐 묻는다. 이때 황희의 대답이 이러했다.

"맹 대감, 이것은 제가 그 누구보다도 김종서를 아끼기 때문에 그리한 겁니다. 김 판서는 앞으로 우리 뒤를 이어 정승이 되고 나라를 위해 큰일을 해야 할 재목입니다. 누구보다 신중하게 국사를 해야 할 사람이니 사사로운 일이라도 가볍게 하지 않도록 가르치기 위함이지, 결코 곤란을 주기 위함이 아닙니다."[28]

나중에 그 얘기를 들은 김종서는 자신에 대한 황희의 진심이 무엇인지 이해하고, 다시 한번 자신의 행동을 되돌아보는 계기로 삼았다고 전해진다.

황희는 왜 김종서를 혼냈을까?

자유분방했던 김종서는 오늘날의 국방부 장관인 병조판서를 지낼 때도 비슷한 일을 겪은 적 있었다. 한번은 여러 신하들이 모이는

28　《연려실기술》.

자리에서 김종서가 술에 취해 거만한 자세로 비스듬히 의자에 앉아 있었다. 그 앞을 지나가던 황희가 김종서 들으라는 듯 하급 관리를 불러 "김 판서가 앉은 의자 한쪽 다리가 짧아 몸이 기울어져 있는 모양이니, 어서 나무토막을 가져다가 바르게 앉으시도록 다리 아래를 고여 드려라." 라고 말한다.

깜짝 놀란 김종서가 뜰 아래로 내려가 엎드려 용서를 빌었고, 황희는 그를 타이르며 말했다.

"누구나 잘못을 저지를 수 있지만 깨닫고 고쳐 나가는 것이 중요하다네."

황희와 관련해 전해지는 많은 이야기를 살펴보면 그의 참된 면모가 여럿 보인다. 내가 옳니, 네가 옳니 하며 시끄럽게 싸우는 여종들을 보고 나무라기보다, 그들의 말 자초지종을 다 듣고서 허허 웃으며 '네 말도 옳고, 네 말도 옳다'고 말했다는 일화도 역시 마찬가지다. 관대한 성품을 가졌던 황희가 김종서에게만은 유독 엄격했던 이유는, 그가 제대로 잘 성장하여 자신의 뒤를 이은 뛰어난 영의정이 되어 주기를 바라며 응원하는 마음이 있었기 때문이었다.

자녀를 응원하는 마음처럼

40대가 되면, 자의 반 타의 반으로 이끌어야 할 사람들이 여럿 생긴다. 우선 부모로서 어린 자녀를 잘 지도하며 양육해야 한다. 때로 말 안 듣고 속 썩일 때도 있지만 자녀를 바라보는 부모의 마음은 한결같다. 내 자식이 잘되기를 바라는 마음, 응원하는 마음이다.

자녀는 나의 피붙이기에 응원하는 마음이 본능적으로 자연스레 생기지만, 피 한 방울 안 섞인 남들에게도 그런 마음을 갖는 것은 훨씬 어려운 일이다. 자식에게만큼 진심일 수는 없겠지만, 내 주위의 다른 사람들에게도 그런 마음을 가져 보는 것이 필요하다. 내가 직장에서 리더의 역할을 하고 있다면, 김종서에게 황희가 그랬던 것처럼 때로 잘못을 따끔하게 혼낼지언정 응원하는 마음으로 지켜볼 수 있어야 한다. 꼭 팀장이 아니더라도 후배들에게 그런 마음을 가질 수 있어야 하고, 친구나 주위 동료들에게도 역시 그들을 응원하는 마음으로 대할 수 있어야 한다. 나보다 잘나가는 것을 보면 부러움과 시기하는 마음이 자연스럽게 드는 것이 인간의 본능이라 해도, 그럼에도 넉넉한 마음으로 대할 줄 알아야 한다. 이러한 마음을 갖고 살아가는 것이 결국 다름 아닌 나 자신에게 도움이 되는 일이기 때문이다.

넉넉한 마음은 40대에 무척 중요하다. 점점 무거워지는 책임을 나 홀로 감당하기 어려운 이때 함께 성장하고 서로 응원해 줄 수 있는 사람이 곁에 있다는 건 심적으로 큰 힘이 된다. 반대로 주위 사람들을 오직 경쟁자로만 여기며 스스로를 몰아붙이다 보면, 인생의 에너지를 빠르게 소진하고 번아웃에 이르게 된다. 그런 마음을 버리고 상생의 관계로 받아들일 때, 불필요한 에너지 낭비를 멈추고 여유로운 삶을 살 수 있다. 흐르는 시냇물 사이로 서로 경쟁하듯 솟아 있는 돌들은 거센 물살에 깎여 나갈 뿐이지만, 시냇물 가운데 나란히 자리 잡은 돌들은 징검다리가 되어 사람들에게 꼭 필요한 존재가 된다. 오로지 경쟁에만 매달리기보다 어깨를 나란히 하며 공생할 때 우리는 더 여유 있고 풍요로운 인생을 살아갈 수 있다.

무엇보다 그러한 마음으로 살아갈 때 내 주위에 좋은 사람들이 모여든다. 가치관이 비슷한 사람들끼리 자연스레 유대 관계를 형성하게 되고, 결국 좋은 사람이 좋은 사람을 끌어당긴다. 그렇게 깊은 신뢰로 형성된 관계의 힘은 매우 강력하다. 조선 역사상 가장 태평성대였던 세종 때 황희가 18년간이나 영의정을 역임했고, 그와 함께했던 좋은 동료와 후배들이 힘껏 세종을 도와 태평성대를 이어 갔다는 사실은 결코 역사적 우연이 아니다. 황희가 김종서에게 가졌던 마음이 그러했듯이, 서로를 응원하며 함께 힘을 모았던 이들이 많았기에 가능한 일이었다.

누군가의 삶을 진심으로 응원한다는 것은, 그 사람의 인생에 깊은 관심을 기울인다는 뜻이다. 그것은 곧 내 인생의 지평이 더 넓어지고, 더 깊어진다는 뜻이기도 하다. 그들의 삶이 넓어질수록 내 삶도 함께 넓어지고, 그들의 삶이 깊어질수록 내 삶도 함께 깊어질 것이다. 40대인 지금, 내 주위 사람들의 성장을 진심으로 바라고 응원하는 사람이 되어야 하는 또 하나의 이유가 바로 여기에 있다.

제대로 칭찬할 것

선조

성명	이연(선조)
생애	1552~1608(조선)
경력	조선 제14대 국왕
주요 이력	백성을 버리고 도망갔다는 콤플렉스로 인해 임진왜란 승리의 공로를 모두 원군을 보내온 명나라 덕으로 돌림으로써 공정하지 못한 공신 책봉을 진행함.

선조는 칭찬을 잘했을까

인생의 중간 지점쯤 이른 40대는 여러 역할을 동시에 감당해야 하는 시기다. 직장에서는 주로 중간관리자 직급에 있으면서 위와 아래를 연결하는 허리 역할을 담당하고, 가정에서는 어린 자녀를 양육하는 부모이자 노부모를 모시는 자식으로서 책임이 막중하다. 하지만 해내야 할 것으로 기대되는 그 책임감의 크기에 비해 그 노력과 결과에 대해 받는 칭찬과 인정은 부족한 세대이기도 하다. 이미 한 가정을 이끌어 갈 만큼 성숙한 어른이고, 서툶이 용납받는 사회 초년생도 아니라 여기기 때문이다. 40대는 그런 나이다. 직장에서도, 가정에서도, 많은 것들을 해내야 하지만 모두 당연한 일로 여겨질 뿐 그 노고에 대해 진심으로 인정해 주는 사람은 그리 많지 않다. 그래서 어쩌면 가장 외로운 시기일지도 모른다. 내 무거운 어깨를 토닥여 주고, 마음속 깊이 우러나는 응원을 보내 주는 그 누군가를 갈망한다. 하지만 나의 수고에 대해 제대로 칭찬받고 싶다면, 나부터 다른 이들의 노력에 따뜻한 눈길을 보내고 진심 어린 칭찬을 건넬 수 있어야 한다. 다른 이에게 인정받고 싶다면, 나부터 다른 이들을 인정할 줄 아는 사람이 되어야 하는 것이다.

조선 시대에는 국가가 공적으로 칭찬해 주는 제도가 있었다. 전쟁에서 외적을 물리치는 공을 세우거나, 외교적으로 큰 성과를 거두는 등의 공을 세우면, 공신으로 책봉하고 토지 같은 보상도 해 주는 제도였다. 바로 공신 제도다. 왕위에서 쫓겨난 광해군의 공신 책봉 기록을 제외하면, 공식적으로 가장 많은 공신을 책봉했던 임금은 조선의 14대 임금 선조였다. 외관상으로 보기에 가장 많은 칭찬을 해 준 사람이 선조였는데, 여기에는 임진왜란이라는 역사적 배경이 있다. 고려 때 몽골군의 침공 이후로 임진왜란만큼 전 국토가 외적에 의해 유린당한 전쟁은 없었다. 상처뿐인 승리였지만 어쨌든 조선을 지켜 낸 전쟁이었으니, 이때 활약한 신하들을 공신으로 책봉하고 보상해 주는 것은 당연한 일이었다. 그런데 선조의 이 공신 책봉은 얼마나 긍정적인 작용을 했을까? 선조의 공신 책봉 과정에 얽힌 이야기를 살펴보면, 칭찬하는 태도에 대해 생각해 볼 만한 지점이 보인다.

공신 책봉이 이상하다?

조선이 겪었던 가장 큰 전쟁을 꼽으라면 임진왜란과 병자호란을 들 수 있을 것이다. 임금이 머리를 조아리고 절을 하며 굴욕적인 항복을 해야 했던 병자호란과 달리, 임진왜란은 어쨌든 항복하지 않고 외적을 영토에서 몰아내는 데 성공한 전쟁이었다. 이 과정에서 큰 공을 세운 이들을 공신으로 책봉하고 포상해 주는 것은 너무도 당연했다. 다만 그 공신들의 면면을 살펴보면 좀 이상해 보이는 부분이 있다.

임진왜란 때 세운 공을 인정받아 책봉된 공신은 모두 104명이었다. 이들을 두 부류로 나누면 호성공신(扈聖功臣)과 선무공신(宣武功臣)이다. 선조가 피난을 떠나며 갖은 고생을 겪었을 때 그 곁에서 함께 고생했던 신하들이 호성공신이고, 이순신 장군처럼 전쟁터에서 직접 일본군과 싸우며 공을 세운 이들이 바로 선무공신이었다. 이들 모두 공신이 될 명분은 충분해 보이지만, 이상한 것은 공신의 숫자다. 호성공신은 86명에 이르지만, 선무공신은 18명에 그친 것이다. 전쟁을 승리로 이끄는 직접적인 공을 세운 선무공신보다 무려 5배 가까이 많은 호성공신의 수. 그 이유는 어디에 있었을까?

왕이 난리를 피해 안전한 후방으로 피난 가는 것을 몽진(蒙塵)이라 한다. 직역하면 먼지를 뒤집어쓴다는 뜻일 만큼 왕으로서는 매우 고생스러운 길이다. 게다가 일단 전쟁이 나면 신하들도 사람인지라, 우선 자신과 가족들 목숨부터 살리겠다며 각자도생을 위해 임금에 대한 충성이고 뭐고 달아나기 일쑤였다. 왕으로서의 체통이 한없이 추락하고 참담할 수밖에 없는 그 시간 동안 끝까지 자신을 버리지 않고 곁에서 고난을 함께 한 신하들을 챙기려는 마음이야 이해 못 할 바는 아닐 것이다. 그럼에도 전쟁의 최일선에서 목숨을 내놓고 외적과 싸웠던 공신들의 수가 그보다 현저히 적다는 사실이 선뜻 잘 납득가지는 않는다. 그 배경을 이해하려면 〈선조실록〉에 실려 있는 당시 선조의 발언을 참고해 볼 필요가 있다.

"중국 조정에서 군사를 동원하여 적을 몰아내고 강토를 회복했으니 이 또한 옛날에 없던 공적이다. 이것은 호종했던 여러 신하들의 충성스러웠던 덕분이니, 어찌 다른 사람들이 한 일이겠는가. 또 힘껏 싸운 장사(將士)들에 대해서는 그 공을 기록하지 않을 수 없겠으나 우리나라 장졸에 있어서는 실제로 적을 물리친 공로가 없다."[29]

선조는 전쟁에서 승리한 건 전적으로 명나라 군사 지원 덕분이라 여겼다. 그리고 호성공신들이 그 명나라의 도움을 이끌어 내는 데 큰 공을 세웠다는 것이다. 하지만 최전방에서 피 흘리며 싸웠던 이들에 대해서는 실제로 적을 물리친 공로가 없다며 폄하한다. 명나라가 다했지, 너희가 한 게 뭐냐는 투다. 하지만 이순신 장군을 비롯한 조선의 용맹한 장수와 군사들, 그리고 의병들의 활약이 없었다면 극복할 수 없는 전쟁이었다. 선조도 아마 그 점을 몰랐던 건 아닐 텐데 말이다.

콤플렉스에 빠지다

선조가 호성공신을 치켜세우고, 선무공신을 깎아내린 데는 그 내

29　《조선왕조실록》, 〈선조실록〉, 선조 35년 7월 23일.

면의 깊은 콤플렉스에서 원인을 찾을 수 있다. 그는 즉위 때부터 조선 왕실의 직계가 아닌 방계 혈통 출신이라는 콤플렉스가 심했다. 게다가 전쟁이 터지자 앞장서서 싸우기는커녕 전쟁 지휘를 세자 광해군에게 맡기고 자신은 피난 가는 데 여념이 없었다. 압록강 근방인 의주에 이르러 언제든 명나라로 망명할 결심까지 하면서 말이다. 조선 만백성의 어버이로서 그들을 보호할 책임이 있는 임금이 제 목숨 살리기에만 급급했으니 그 권위가 땅 아래로 떨어질 수밖에 없었을 테다. 자연히 세간의 민심은 군사와 백성들의 선두에 서서 전쟁을 이끌었던 광해군과 이순신 장군 같은 이들에게 쏠렸다. 이런 배경에서 선조는 자신의 권위를 살리고자 모든 공을 명나라에 돌리는 길을 택했다. 그 결과가 '호성공신 86명, 선무공신 18명'이었던 것이다. 심지어 의병장으로서 큰 공을 세운 김덕령은 역모 혐의로 죽이기까지 했다. 이런 모습을 지켜보던 이들은 과연 어떻게 받아들였을까?

제대로 칭찬하지 않은 대가

임진왜란이 끝나고 약 40년 뒤, 이번에는 신흥강자로 부상한 청나라의 침략으로 병자호란이 발발한다. 국력이 쇠약해진 명나라의 지원은 더 이상 기대할 수 없던 이 전쟁에서, 사기가 바닥까지 떨어진 조선 군사들은 연전연패를 했고, 임진왜란 때처럼 기대했던 의병들도 일어나지 않았다. 임진왜란의 승리를 이끈 진정한 주인공들에게 그 정당한 칭찬과 보상을 제대로 하지 않았던 결과가 어쩌면 병자호란에서 고스란히 드러났던 것은 아닐까 하는 생각도 들게 한다. 칭찬을 제대로 잘하는 것이 중요한 이유를 역사로부터 배울 수 있는 이유다.

40대에 주어진 책임은 그저 당연한 의무일 뿐, 그 노고를 제대로 인정받지 못할 때가 많다. 그래서 외롭고, 때로는 억울한 마음까지 밀려온다. 내가 칭찬받지 못하면, 남에게 칭찬하는 것도 인색해지기 마련이다. 제대로 칭찬을 듣는 것도, 제대로 칭찬을 하는 것도 쉽지 않은 시기다. 그럼에도 불구하고 칭찬은 매우 중요하다. 칭찬은 단순히 상대방을 기분 좋게 하는 수단에 그치지 않고, 내가 속한 조직과 관계, 더 나아가 사회 전체에 긍정적인 파급 효과를 만들기 때문이다.

제대로 칭찬받고 인정받아 본 경험은 '내가 누군가에게 의미 있구나', '내가 하는 일이 가치 있는 일이구나' 같은 생각을 갖게 하고, 더 열심히 잘해 보려는 동기부여를 준다. 더불어 칭찬에는 관계를 따뜻하고 부드럽게 만드는 순기능이 있다. 더 나아가 내가 속한 조직의 분위기를 좋게 만드는 효과도 있다. 서로 칭찬을 자주 해 주는 부부 관계가 나쁠 리 없고, 서로 인정해 주는 조직문화를 가진 팀 분위기가 침울할 리 없다.

칭찬을 다른 말로 하면, 그 사람의 노고를 제대로 인정해 주는 행위다. 각자의 자리에서 최선을 다해 살아가고 있는 40대, 서로에게 칭찬이 필요한 시기다. 때로 버거움을 느끼면서도, 그럼에도 최선을 다해 각자의 삶을 묵묵히 살아가고 있는 우리 모두의 노고를 제대로 인정해 주는 것이 필요한 시기다. 내 곁의 사람에게 먼저 다가가 따뜻한 칭찬 한마디 건네 보는 것은 어떨까. 내 곁에 있어 줘서 늘 고맙지만, 그 마음을 잘 표현하지 못하던 가까운 이들에게 먼저.

생각해 보기

1. 나는 주변 사람들의 노고를 얼마나 자주, 진심으로 인정하고 칭찬하고 있는가?

2. 누군가에게 칭찬받을 때와 그렇지 않을 때, 내 행동과 마음가짐에는 어떤 차이가 생기는가?

3. 리더의 칭찬이 조직이나 공동체에 어떤 영향을 줄 수 있을까?

역지사지할 것

유정현

성명	유정현
생애	1355~1426(고려~조선)
경력	영의정, 병조판서, 찬성사
주요 이력	뛰어난 재정관리 전문가로 많은 업적을 남겼지만, 역지사지하지 못하는 행동과 태도를 보여 많은 비판도 함께 받았음.

'내로남불' 하는 리더

인터넷에 올라온 한 직장인의 사연을 읽은 적 있다. 그는 아침에 일어났을 때 감기몸살이 심해서 도저히 출근할 수 없는 상태였다고 한다. 어쩔 수 없이 상사에게 전화해서 하루 연차를 내겠다고 말했더니 상사는 "이렇게 갑자기 휴가 낸다고 하면 어떡하냐."며 날 선 반응을 보였단다. 그런데 며칠 뒤, 그 상사가 몸이 안 좋다며 당일 휴가를 내고 출근하지 않았다는 사연이었다. 리더의 이런 행동을 지켜본 그 직장인은 과연 어떤 기분이 들었을까.

상사 입장에서는 팀원이 당일 아침에 갑자기 휴가를 내면 업무에 지장이 있을 테니 달갑지 않을 수 있다. 그럼에도 갑자기 몸이 아파 출근을 못 하는 일은 직장 생활을 하다 보면 얼마든지 있을 수 있는 일이기에 최대한 그 직원의 입장에서 생각해 주는 것이 맞다. 더구나 그 리더가 그랬던 것처럼 나 자신도 얼마든지 같은 상황을 겪을 수 있다. 우리는 이런 삶의 태도를 '역지사지'라고 부른다. 역지사지가 중요한 이유는, 이것이 결여된 주장이라면 상대방을 설득하기 어렵고 결국 나에 대한 신뢰 추락으로도 이어질 수 있기 때문이다. 자신의 의견을 다른 동료들에게 설득하면서 일해야 하는 곳이 직장이다. 역지사지는커녕 늘 자기중심적으로만 생각하며 일한다는 평판이 생기면 아무리 일을 잘해도 그 실력조차 제대로 인정받지 못할 수 있다. 그리고 이런 태도가 필요한 곳은 오로지 직장뿐만이 아니다. 가정이든, 동호회 모임이든, 또 어느 사회적인 공간이든 타인과 어울려 지내야 하는 곳이라면 역지사지하는 자세가 필요하다.

'내로남불'이라는 유명한 말이 있다. '내가 하면 로맨스, 남이 하면 불륜'의 줄임말로 나는 그래도 되지만, 너는 그러면 안 된다는 식의 극단적 이기심을 비판하는 말이다. 역지사지하지 못하는 사람들은 오로지 자신에게만 관대하기 때문에 '내로남불' 하게 될 가능성이 높다. 조선 초기 최고의 재정관리 전문가로 불렸던 유정현은 많은 업적도 남긴 인물이었다. 그럼에도 세간의 비판도 많았던 이유는 그가 역지사지하지 못하고 내로남불 같은 행동을 종종 보여 주었기 때문이었다.

신의 집에 장리를 꾸어 가는 사람이 없습니다

유정현은 당대의 가장 뛰어난 재정관리 전문가라는 평가를 받았을 정도로 숫자에 매우 밝은 사람이었다. 그는 방만하게 운영되던 예산을 철저히 관리하고, 국가 재정이 많이 들어가는 토목 공사 비용을 절감하는 실력을 보여 주었다. 화폐 발행과 정착을 위해 많은 애를 썼고 시장경제 활성화를 위해서도 부단히 노력해서 많은 업적도 남겼다. 그런데 그런 돈에 대해 깐깐한 태도는 나랏일에서 뿐만

유정현

이 아니었다. 그는 '수전노 재상'이라는 별명이 붙을 만큼 돈을 매우 탐하고 인색했던 사람이었다. 당시 불법으로 금지한 것은 아니었지만, 그래도 양반 체면상 잘 하지 않던 고리대금을 하며 재산을 불릴 정도였다.

한번은 세종이 유정현을 불러서 환곡 정책에 관련된 논의를 한 적 있었다. 환곡은 막 겨울을 지나 양식이 모자란 봄에 쌀을 빌려주고, 약간의 이자를 쳐서 추수철인 가을에 갚도록 한 제도를 말한다. 세종은 농민들에게 쌀 볍씨를 더 빌려주는 정책에 대해 유정현의 자문을 듣고자 했다. 가난한 농민들이 파종에 필요한 볍씨를 충분히 확보하지 못하여 농사를 제대로 못 짓는 일이 일어날까 염려한 까닭이었다. 세종이 걱정스럽게 하는 말을 듣고 유정현이 했다는 대답이 〈세종실록〉에 실려 있다.

"영돈녕 유정현이 아뢰기를, "신의 집 종이 밖에서 돌아와 말하기를, '신의 집의에 장리(長利)[30]를 꾸어 가는 사람이 없다.'고 하는 것으로 봐서, 백성들이 심하게 궁핍하지는 아니한 줄로 알고 있사오니, 다시 더 주지 말고 궁핍하다고 할 때를 아직 더 기다려 보게 하소서." 하니, 임금이 말하기를, "만약 고할 때를 기다린다면 늦어서 소용할

30　춘궁기에 꾸어 준 곡식에 대하여 추수기에 돌려받을 때 받던 이자. 통상적으로 연 50%의 이율에 달했음.

때를 맞추지 못할까 염려된다."고 하였다."[31]

이 대화를 실록에 기록한 사관은 "정현이 재물을 모으는 데 인색하여, 매양 가을이 되면 구종과 하인 종들을 내보내 각박하게 빚을 독촉하므로, 백성들이 그 집에서 꾸어 가기를 원하지 않을 뿐이요, 백성이 넉넉해서 꾸어 가지 않는 것이 아니었다."고 덧붙였다.

백성들이 그에게 쌀을 빌리려 오지 않는 이유를 사관도 알고 있었을 정도라면 그에 대한 안 좋은 소문이 얼마나 널리 퍼졌을지 짐작이 간다. 통상 50%에 달하는 이자가 붙을 만큼 비싼 데다 제때 갚지 않으면 엄청난 빚 독촉이 이어지니, 백성들이 그에게서 쌀 빌리기를 꺼릴 뿐이었다. 그런데 정작 당사자인 유정현은 그 원인을 전혀 엉뚱한 데서 찾고 있다. 백성들이 자신에게 돈을 꾸러 오지 않는 이유가 그만큼 심각하게 궁핍하지는 않기 때문이라는 것이다. 역지사지하지 못하고 자기중심적으로만 생각한 결과, 문제의 원인을 제대로 진단하지 못했을 뿐만 아니라 임금에게 잘못된 조언을 하는 데까지 이르는 모습을 볼 수 있다.

그의 내로남불 하는 모습으로 세간의 비웃음을 산 일도 있었다. 유학자이면서 지극히 현실주의자였던 그는 불교에 대해 매우 비판

31　《조선왕조실록》, 〈세종실록〉, 세종 7년 4월 13일.

적이었다. 태종의 왕비인 원경왕후가 세상을 떠나고 그 무덤 옆에 절을 세우는 것에 대해 논의했을 때, 유정현은 부처에게 하는 기도는 부질없다며 강하게 반대했다. 또 궁궐에서 수륙재라는 불교 의식을 거행하고 불경 외우는 것에 대해 반대한 전력도 있었다. 여기까지는 성리학을 숭상하는 유학자로서 전혀 이상한 행동이 아니다. 그런데 정작 본인의 죽음이 가까워 오자 그동안 공언해 왔던 말과는 완전히 정반대의 모습을 보인다. 자신을 위해 부처에게 공양하고 제를 올리는 비용으로 쌀 5,000섬이나 되는 거액의 재산을 절에 내놓은 것이다. 마치 팀원에게는 갑자기 휴가를 내면 어떡하냐고 따끔하게 지적해 놓고는, 자신은 그다음 날 당일 휴가를 내고 출근하지 않는 리더의 모습이 연상되지 않는가?

나는 떳떳한 사람인가

아리스토텔레스에 따르면 사람을 설득하는 방식에는 크게 세 가지가 있다. 논리적인 주장인 로고스(Logos), 감정을 자극하는 표현인 파토스(Pathos), 그리고 말하는 사람의 인격과 신뢰인 에토스(Ethos)다. 만약 자신은 제대로 못 하면서 남 지적질만 잘하는 모습을 보이면, 그는 곧바로 '너나 잘하세요'라는 비판에 직면한다. 에토스가 없기 때문이다. 나의 주장에 강한 설득력을 얻으려면 에토스가 무엇보다 중요하다. 나의 말이 얼마나 논리적이냐, 또 얼마나 호소력 있느냐에 앞서 내가 어떤 사람인가에 따라 말의 무게가 달라진다. 내 말에 설득력과 신뢰가 뒤따르는 것이다. 아무리 논리적으로 타당하고 감정을 자극하는 말이라도, 말과 행동이 따로 노는 사람의 말은 공허하게 들릴 수밖에 없다. 오히려 비웃음만 살 뿐이다.

역지사지를 모르는 사람들에게는 중요한 특징이 하나 있다. 어떤 문제가 생겼을 때 일단 그 원인을 외부에서만 찾으려 한다. 그러다 보니 늘 남 탓부터 먼저 하지만 자신에게는 매우 관대하다. 특히 상대적으로 지위가 높고 의사결정권이 있는 사람들이 이런 오류에 더 쉽게 빠질 우려가 있다. 그들은 그저 자신의 지위와 권위로 찍어누르며 말하지만, 그런 방식으로 이뤄 낸 설득은 오래가지 못한다. 오히려 타인의 의견을 충분히 듣지 않아 상황을 오판할 가능성이 매우 높다. 마치 유정현이 엉뚱한 상황 판단으로 세종에게 잘못된 조언을 한 것처럼 말이다.

20대, 30대에는 무언가를 잘하는 사람이 인정받는다. 하지만 40대 이후에는 무엇을 잘하는 사람인가 못지않게 어떤 사람인가가 더 중요해진다. 가정의 가장으로서, 직장의 관리자로서, 또 누군가의 선배로서, 자신의 말이 영향력을 가지려면 말과 행동의 일치, 즉 에토스가 전제되어야 한다. 일단 이 한 가지부터 먼저 되돌아보자. 나는 누군가의 앞에서 떳떳한 사람인가? 누군가를 가르치며 하는 그 모든 말들을 나 자신도 똑같이 지키고 있다고 스스로 자평할 수 있는가? 만약 그렇다고 선뜻 말하기 꺼려진다면, 우선 스스로 떳떳한 사람이 되기 위해 필요한 것이 무엇일지 먼저 생각해 보는 것이 좋겠다.

말은 누구나 할 수 있다. 그러나 내가 요구한 기준을 스스로 지킬 때, 내가 한 말을 타인의 입장에서도 동일하게 수용 가능할 때, 비로소 그 말은 힘을 얻는다. 내로남불 하지 않고 역지사지하는 삶의 태도가 그런 에토스를 만드는 첫걸음이다.

생각해 보기

1. 나는 타인에게 요구하는 기준을 나 자신에게도 똑같이 적용하고 있는가?

2. 내가 평소에 말하는 가치나 원칙을 실제 행동으로도 일관되게 지키고 있는가?

3. 설득에 실패한 적이 있다면 그것은 말의 논리 때문이었는가, 아니면 나의 태도와 신뢰 때문이었는가?

하고 싶은 일을 위해 해야 할 일부터 할 것

이이

성명	이이
생애	1536~1584(조선)
경력	이조판서, 병조판서, 이조좌랑, 예조좌랑
주요 이력	어려운 민생을 외면한 채 향약 시행에만 몰두하는 사림 세력을 단호히 비판하며, 진정한 개혁은 민생을 살피는 것에서 시작되어야 한다고 강조함.

무슨 일부터 해야 할까

누구에게나 꿈으로 가득한 시절이 있었다. 하지만 시간이 흐르고 나이가 들어갈수록 현실의 무게는 점점 무거워지고, 그만큼 꿈은 가벼워진다. 그래도 그 '하고 싶은 일'이라는 이름의 꿈은, 작아질 뿐 완전히 사라지지는 않는다. 바쁜 일상을 살아가면서도 이따금 내 마음을 격동시킨다. 주위를 둘러보면 좋아하는 일을 하면서 돈도 버는 운 좋은 사람들이 있다. 꿈을 이룬 삶을 살아가는 이들을 보면 부럽기도 하고 대조적으로 내 현실이 씁쓸하게 느껴지기도 한다. 하루에도 몇 번씩 지금 하는 일을 때려치우고 하고 싶은 일을 하고 싶다는 마음이 올라오지만, 가족의 생계를 책임져야 하고 더욱이 나이 드신 부모님의 노후까지 고민해야 하는 40대에게 그런 생각은 사치로 느껴질 뿐이다. 꿈은 꿈이고, 생업은 생업이다. 하고 싶은 일보다 해야 할 일이 먼저인 지금, 그저 현실을 감당하며 살아 내야 한다.

멀리 밀려나 있을 뿐, 그렇다 해서 꿈이 완전히 사라지지는 않는 내적 갈등이 계속될 때 어떤 마음을 가지는 것이 좋을까. 조선 시대 위대한 사상가이자 경세가였던 율곡 이이가 향약 제도에 대해 쏟아 냈던 말을 살펴보면, 그 힌트를 조금은 얻을 수 있지 않을까 한다.

사림, 향약 시행을 주장하다

율곡 이이가 오늘날 위인으로 추앙받는 배경에는 그가 도달한 높은 사상적 경지도 있겠지만, 민생을 살리기 위한 현실 정치를 진지하게 고민한 경세가로서의 삶을 살았기 때문이다. 선조 때 추진된 향약 시행과 관련해 이이가 보여 준 태도에 그러한 면모가 잘 드러난다.

권력을 농단하던 외척 세력 윤원형과 그 일파가 몰락하고, 외척으로부터 자유로운 선조가 즉위했을 때 가장 환호했던 사람들이 있었다. 훈구 세력에 의해 정치적 박해를 받던 사림 세력이다. 특히 젊은 신진 사림은 이제 새로운 세상이 왔다는 기대에 들떠 환호했다. 하지만 그 기대가 무색하게 시간이 흘러도 세상은 달라진 것이 없어 보였다. 초조해진 사림 세력은 선조에게 성리학에 입각한 개혁을 시행하라고 압박하기 시작하는데, 그중 하나가 바로 향약 시행이었다.

향약은 '지방의 향인들이 서로 도우며 살아가자는 약속'이란 뜻인 향촌규약(鄕村規約)의 준말이다. 성리학을 집대성한 주자가 향약을 완비해 주자대전에 수록하면서 성리학의 중요한 실천규범이 되었다. 주자의 가르침을 절대적으로 여겼던 사림은 향약이야말로 그들이 꿈꾸는 성리학적 이상 국가를 완성해 나가는 중요한 수단이라 여겼다. 개혁 정책의 일환으로서 향약의 국가적 시행을 강력히 주장했

이이

던 배경이 여기에 있다.

하지만 선조는 향약 시행을 반대한다. 향약의 핵심 목표는 사대부가 중심이 되어 백성들을 잘 교화하고 가르침으로써 도덕적 이상 국가를 만드는 것이었는데. 선조가 보기에 별로 현실성이 없어 보였다. 게다가 향약이라는 자치 규범이 전국적으로 시행되면 상대적으로 지방 수령의 권위는 약화될 것이고, 이것은 곧 왕권 약화로 이어질 수 있는 문제였다. 이런 이유로 선조는 향약 시행을 반대했지만 사림 세력이 한목소리로 밀어붙이니, 결국 선조도 향약 시행을 허락할 수밖에 없었다. 그런데 이때 향약 시행을 반대하고 나선 뜻밖의 인물이 있었다. 누구보다 성리학에 정통했던 학자이자 사대부였던 율곡 이이였다.

이이, 향약 시행을 반대하다

율곡도 성리학자인 만큼 향약 자체를 반대하지는 않았다. 다만 지금 향약을 시행하는 건 본말이 전도된 것이라고 하면서, 먼저 임금과 신하 스스로 교화를 이룬 후에야 비로소 향약으로 백성을 교화하는 것이 옳다고 말한다. 다시 말해 민생이 도탄에 빠져 굶어 죽는 백성들이 속출하는 이 마당에 아름다운 제도가 다 무슨 소용이냐는 비판이었다. 평소 율곡의 직설적인 조언을 불편하게 여기던 선조였지만, 원래부터 향약 시행에 부정적이었던 만큼 곧장 이이의 손을 들어 준다. 어렵게 선조의 마음을 돌려 관철했던 향약 시행이 원점으로 돌아온 것이다.

그러자 사림들의 불만이 이이에게 쏟아진다. 기껏 임금을 설득해서 자신들이 꿈꾸던 개혁인 향약 시행이 눈앞에 왔는데, 같은 편이라 믿었던 이이가 뒤통수를 때린 격이 됐으니 말이다. "우리 사림이 그토록 소망했던 향약 시행이 물 건너갔으니 이제 어쩌자는 것인가?"라는 가시 돋친 비판에, 이이는 이렇게 일갈한다.

"백성의 곤궁함이 극심해도 향약만 시행하면 백성이 교화되어 좋은 풍속을 이룰 수 있고 태평성대를 이룰 수 있다는 말인가? 자식이 굶주려 울고 있는데 날마다 종아리를 때리며 예의를 배우라 하는 게 무슨 의미가 있는가?"[32]

'하고 싶은 일'을 위한 과정, '해야 할 일'

농사를 짓는 사람에게 작물을 수확하는 순간은 큰 기쁨이다. 농부는 가을철의 풍성한 수확을 기대하며 열심히 농사를 짓는다. 하지만

32　《조선왕조실록》, 〈선조수정실록〉, 선조 7년 2월 1일.

이이

농사를 짓는 과정은 매우 고된 일이다. 삼복더위에 뙤약볕 아래에서 김매기 하는 고통을 견뎌야 하고, 고약한 거름 냄새를 참아내는 과정을 거쳐야만 그 작물 수확의 기쁨을 얻을 수 있다. '하고 싶은 일'을 위한 과정에는 언제나 '하기 싫지만 반드시 해야 할 일'이 동반되는 것이다.

사림에게 있어서 향약 시행은 '하고 싶은 일'이었다. 정작 마땅히 '해야 할 일'인 민생 정치는 후순위로 던져두고서 말이다. 마치 농사를 지으면서 김매기는 하지 않고, 냄새나는 거름도 뿌리지 않고, 작물 수확만 하겠다는 것과 다름없었다. 이이가 비판한 부분은 바로 이 지점에 있었다. '해야 할 일'을 하지 않으면서 이룰 수 있는 '하고 싶은 일'이란, 세상에 존재하지 않는다는 사실을 말이다.

'하고 싶은 일'이 문이라면, '해야 할 일'은 그 열쇠다

어느덧 40대가 되었지만, '하고 싶은 일'은 여전히 가슴 깊은 곳에서 내 심장을 뛰게 한다. 하지만 오늘도 어제와 마찬가지로 출근하고, 회의에 참석하고, 반복되는 보고서를 쓰고, 때로는 하기 싫은 업무를 떠맡아 머리채를 쥐어뜯기도 한다. 마치 고된 김매기나 거름 뿌리기처럼, 땀내 나고 지겹기만 한 일의 연속이다. 하지만 이 모든 과정을 거친 끝에 농부가 수확의 기쁨을 누리듯이, 내가 꿈꾸는 삶은 그저 꿈꾼다고 해서 찾아오지 않는다. 하고 싶은 일을 향하는 길로 가려면, 지금 해야 할 일을 먼저 지나야 한다. 그리고 비록 고단할지라도 이 길을 피하지 않고 묵묵히 걸어간 사람만이 마침내 자신이 정말 원했던 그 자리에 도달할 수 있다.

국카스텐의 보컬 하현우씨는 한 인터뷰에서 소속사와 계약을 하기 전까지 멤버들이 다른 일을 병행하며 생계를 이어 나가야 했던 시절을 고백한 바 있다. 섬유 공장과 화장품 공장을 다니며 돈을 벌었고 배달 일을 하는 멤버, 레슨을 했던 멤버도 있었다고 한다. 인터뷰 중 "당시 일하던 공장장이 음악 하지 말고 공장에서 같이 일하자고 했었는데, 지금 돌이켜보면 음악을 계속하길 잘했어요."라며 너스레로 말했지만[33], 하고 싶은 일을 하기 위해 지금 해야 할 일을 먼저 묵묵히 해 나갔던 그의 삶이 이 말 속에 그대로 녹아 있다. 그 시간들이 쌓이고 쌓인 끝에, 결국 그는 무대 위에서 자신만의 목소리로 세상을 울리는 아티스트가 되었다. 그의 삶이 말해 준다. 꿈은 '하고 싶은 일'을 포기하지 않고 견디는 이들에게만 문을 연다는 것. 그리고 그 문을 여는 열쇠는 바로 지금 눈앞에 놓인 '해야 할 일'이라는 것을 말이다.

---

33 "국카스텐 하현우, "20대, 우린 불량품이라고 생각… 음악으로 채워"", 〈헤럴드경제〉, 2016년 8월 21일.

내가 하고 싶은 일은 무엇인가? 그것이 내가 일하고 있는 곳에서 이룰 수 있는 것이어도 좋고, 언젠가 또 다른 무대에 가야만 이룰 수 있는 일이어도 좋다. 다만 그 '하고 싶은 일'을 하기 위한 과정에는 '해야 할 일'이 반드시 동반된다는 사실을 기억하자. 열심히 김매기를 하고 거름을 뿌리며 농사를 짓다 보면 언젠가 수확의 기쁨을 누리는 날이 오듯, 지금 해야 할 일을 차근차근 열심히 해 나가다 보면 어느 순간 하고 싶은 일의 성공을 맛보는 날이 올 것이다. 그날이 언제일지 몰라도, 묵묵히 버티고 있는 오늘이 그날을 향해 가는 길목 위에 있다는 것만은 분명하다.

생각해 보기

1. 지금 내가 하고 있는 '해야 할 일'은, 언젠가 내가 '하고 싶은 일'과 어떻게 연결될 수 있을까?

2. 내가 진심으로 '하고 싶은 일'은 무엇이며, 그것을 이루기 위해 지금 당장 할 수 있는 일은 무엇이 있을까?

3. 현실의 고단함 속에서도 내가 지키고 싶은 내 삶의 가치는 무엇인가?

진정한 친구를 둘 것

이항복과 이덕형

> "
> 진심으로 마음을 함께 나눌
> 수만 있다면 단 한 명이라도
> 괜찮다.
> "

성명	이항복 / 이덕형
생애	1556~1618 / 1516~1613 (조선)
경력	영의정, 좌의정, 우의정, 병조판서 / 영의정, 우의정, 이조판서
주요 이력	깊은 우정을 가진 두 사람은 서로를 진심으로 걱정하고 도왔으며, 때로는 잘못된 행동을 했을 때 충고하며 서로 바로 잡아 주기도 하였음.

진정한 친구가 소중한 이유

사회적으로 큰 성공과 진정한 친구 한 명. 그중에 하나만 선택하라면 무엇을 택하겠는가? 큰 성공과 더불어 뒤따라오는 돈과 명예는 분명히 매력적이지만, 그보다 진정한 친구 한 명이 더 낫다고 여기는 사람들도 꽤 있지 않을까 싶다. 아무리 큰 성공을 거둔다 해도, 그 성공을 진심으로 함께 기뻐해 줄 친구 한 명이 없다는 건 또 다른 의미의 실패한 삶일 수 있을 테니. 내 마음을 진실되게 나눌 수 있는 친구가 있다면 그 자체가 삶의 의미가 된다. 내가 외롭고 힘들 때 돈은 나를 안아 줄 수 없지만, 친구는 따뜻한 체온으로 나를 안아 줄 수 있다.

어린 시절에는 친구가 많을수록 좋은 것이라 여겼지만, 나이 들수록 그 숫자가 훨씬 줄어들었을지라도 한층 더 깊은 관계를 유지하고 있다면 나름 괜찮은 인생을 살아가는 중이라 할 것이다. 특히 40대 이후에 그런 친구를 내 곁에 두는 것이 중요하다. 사회에서 어느 정도 자리를 잡았을지 몰라도 몸은 예전 같지 않고, 자녀의 교육, 부모의 노후, 나 자신의 미래까지 고민되는 이 시기에 마음속 깊이 함께 공감해 주고 때로 쓴소리도 아끼지 않는 친구가 있다는 것은 삶 전체의 안정감을 좌우할 수 있는 중요한 요소이다.

진정한 친구가 필요한 이유는 역사를 돌아봐도 그렇다. 진한 우정을 나눈 역사 인물들은 수없이 많지만, 특히 깊은 우정을 나눴던 두 사람의 이야기를 나눠 보고자 한다. 때로 어렵고 힘든 일도 기꺼이 내 일처럼 나서 주고, 또 필요하다면 쓴소리도 거침없이 해 줄 수 있었던 진정한 친구, '오성과 한음'으로도 잘 알려진 이항복과 이덕형의 이야기다.

잘못을 깨우쳐 주는 친구

유명한 전래 동화 〈오성과 한음〉 이야기 때문에, 이항복과 이덕형이 어릴 때부터 친했던 사이로 생각하는 사람들이 많지만 사실 이들은 과거 시험장에서 처음 만난 것으로 전해진다. 이항복은 이덕형보다 5살이 더 많았지만, 한 살 차이도 엄격히 따지는 요즘과 달리 5살 정도 차이는 친구로 여겼다. '오성과 한음'이라는 이야기가 만들어질 만큼 깊은 우정을 쌓아온 두 사람은, 때로 쓴소리도 아끼지 않는 사이였다. 이와 관련해 재미있는 일화가 있다.

조선을 극심한 고통 속으로 몰고 갔던 임진왜란이 마침내 7년 만에 끝났을 때다. 이덕형은 아버지를 위해 별채 한 채를 지었다. 별채가 완공되고 마침 이항복이 놀러 오자, 이덕형은 그 별채의 당호, 즉 별채의 이름을 지어 달라고 부탁한다. 이항복은 '맑을 청(淸)'자를 써서, 맑고 맑은 집이라는 뜻의 청청당(淸淸堂)이 어떻겠냐고 제안한다. 그리고 내친김에 현판까지 만들어서 멋지게 달아 준다. 잠깐 궁궐에 일이 있어 다녀오느라 뒤늦게 이 현판을 본 이덕형은 이항복이 어떤 의도로 그 이름을 제안했는지 숨은 속뜻을 알아채고 혀를 내둘렀다. '청(淸)'자에는 맑다, 깊다는 뜻 외에도 석청(石淸)처럼 꿀이라는 뜻도 있다. 즉, 청청당(淸淸堂)이란 맑고 맑은 집이라 해석할 수도 있지만 다르게 읽으면 '꿀꿀이집'이라는 뜻으로도 읽힐 수 있던 것이다. 이항복이 친한 친구인 이덕형에게 장난을 치며 지어 준 당호라 볼 수 있지만, 사실 이 속에는 더 깊은 뜻이 담겨 있었다. 임진왜란이 끝난 지 얼마 되지 않은 터라 전 국토가 폐허가 되고 삶의 터전을 잃은 백성들의 고통도 여전한데, 아무리 아버지를 위한 것이라 해도 고위관리로서 모범을 보이지 않고 사사로이 별채를 지은 이덕형을 질타하는 의미가 담겨 있었던 것이다. 농담을 가장한 이항복의 쓴소리에 자신의 잘못을 깨달은 이덕형은 곧바로 별채를 헐어 버린다. 그 당시 벼슬아치들 사이에서 별채 투기 바람이 유행처럼 번지는 중이었다는데, 이덕형이 스스로 별채를 허물었다는 말에 그 투기 바람이 사그라졌다고 전해진다.

어려울 때 나서 주는 친구

이항복과 이덕형은 이처럼 서로에게 충고하고 가르침을 주는 관계에만 그치지 않았다. 어려울 때 친구가 진정한 친구다. 그들은 어려운 상황에 처했을 때, 서로를 위해 기꺼이 나서는 도움을 아끼지 않았다. 임진왜란이 일어났을 때 이항복은 지금의 국방부장관인 병조판서를 맡고 있었다. 특히 전쟁 중이었기에 가장 막중한 책임이 있는 자리가 아닐 수 없다. 전쟁이 일어났을 때 가장 중요한 것 가운데 하나는, 바로 군사 정보일 것이다. 손자병법에서도 적과 나의 사정을 제대로 아는 것, 바로 지피지기(知彼知己)의 중요성을 강조하지 않았는가. 그런데 이항복은 정보망을 통해 일본군의 전력이 매우 강하다는 것을 일찌감치 파악했고, 조선군의 힘만으로 전쟁에서 승리하기 쉽지 않음을 냉정하게 판단했다. 이때 윤두수와 같이 명나라에 대한 원군 요청을 반대하는 신하들의 목소리도 있었다. 명나라 군사가 오면 그 군량미를 조선이 충당해야 하는데 현실적으로 쉽지 않다는 것과 명나라 군사가 백성들에게 민폐를 끼칠 것을 우려했기 때문이다. 그럼에도 이항복은 명나라에 대한 원군 요청이 반드시 필요하다는 것을 왕에게 강력히 건의했다. 실제로 이순신 장군의 활약과 더불어 명나라의 원군은 전황을 바꾸는 데 결정적인 역할을 하게 된다. 이처럼 이항복이 정확한 정세 판단을 할 수 있었던 데는 이덕형의 도움이 있었다.

한양을 점령한 후 평양 근방까지 올라온 일본군은 조선에 강화협상을 요청하고, 이때 조선 협상 대표로 이덕형이 나선다. 명나라 침공 길을 열어 달라는 일본 주장을 받아들일 수 없었기 때문에 협상은 결렬되었지만, 이덕형은 일본군의 적진을 자세히 살펴볼 기회가

있었다. 그리고 자신이 파악한 정보를 모두 있는 그대로 이항복에게
알린 것이었다.

이덕형의 도움은 이뿐만이 아니었다. 명나라에 원군을 요청하기
로 결정되자 나라의 흥망이 달린 만큼 이항복은 자신이 직접 명나라
에 가기를 원했다. 그만큼 간절했던 탓이다. 하지만 병조판서라는 중
책을 맡고 있었기에 자리를 쉽사리 비울 수 없었고, 그를 대신해 이
덕형이 나선다. 그리고 마침내 원군 약속을 받아오는 데 성공한다.
이덕형이 명나라로 떠나던 날 이항복이 배웅하러 나온 이야기가 전
한다. 이항복은 이덕형에게 자신의 말을 내어 주며 "공이 구원병을
청하지 못하면 나를 시체 더미에서 찾아야 할 것이오."라며 진심을
담아 부탁하자 이덕형도 "구원병이 오지 않는다면 나 역시 죽을지언
정 압록강을 건너지 않을 것이라네."라고 대답했다고 한다. 함께 나
라를 걱정하며, 서로를 위해 죽음까지도 각오한 깊은 우정이 아닐
수 없다.

어려울 때 함께 견뎌 주는 친구

임진왜란이 일어난 중차대한 시기에 병조판서를 맡은 이항복은
얼마나 큰 부담감을 느꼈을까. 이 어려운 때에 곁에서 함께하며 도
움을 아끼지 않은 이덕형의 존재는 정말 큰 힘이 되었을 것이다. 두

사람 모두 충신이었기에 그렇기도 했지만, 동시에 진정한 친구였기 때문에 더 큰 힘을 합해 그 막중한 임무를 해낼 수 있었다. 동료애라는 뜻의 'Companionship'이라는 단어가 있다. 'Com(함께)'과 'Pan(빵)'이라는 어원에서 비롯된 이 단어는 진정한 동료란 빵을 두고 다투는 존재가 아니라, 더 큰 빵을 함께 만들어 나눠 먹는 관계임을 의미한다. 이항복과 이덕형은 서로의 명예나 성공에 대해 질투하지 않았고, 도와주되 때로 쓴소리도 해 줄 수 있는 친구였다. 서로 빵을 빼앗아 먹는 것이 아니라 더 큰 빵을 함께 만들어 나눠 먹은 결과 두 사람은 번갈아 가며 최고 벼슬인 영의정에 올랐다. 그들은 성공을 함께 나눌 줄 아는 친구였다.

친구를 뜻하는 단어 'Friend'에서 'r'이 빠지면 'Fiend', 즉 악마 같은 사람을 뜻하는 단어가 된다. '친구'와 '악마 같은 사람'의 차이는 고작 r이라는 철자 하나에 달린 것이다. 이 r을 'Reliability', 즉 신뢰성이라 해석해 보자. 사람의 관계를 이어 주는 것은 여러 가지가 있다. 특히 돈으로 대표되는 이해관계로 이어진 관계도 많다. 하지만 그저 이해관계로만 얽힌 이익공동체는 오래 이어지기 어려울뿐더러 그것이 사라졌을 때 친구는커녕 언제든지 악마 같은 관계로 돌변하기 십상이다. 돈 앞에서 끈끈하던 사이가 역시 돈 때문에 원수로 변했다는 사람들의 이야기가 어디 한둘인가. 나와 그 사람 사이에 'r'이 있는가, 신뢰할 만한 사람인가라는 점은 그 관계를 Friend로 만들어 주는 결정적인 요소다.

40대에 이른 지금, 나는 관계에 있어서 'r' 하나를 더 쌓기 위해 얼마나 많은 노력을 했는지 돌아볼 필요가 있다. 신뢰를 얻는 작은 관심과 도움 하나가 내 주위를 'Fiend'가 아닌 'Friend'로 채워 나간다. 'Friend'의 숫자가 많지 않아도 괜찮다. 진심으로 마음을 함께 나눌 수만 있다면 단 한 명이라도 괜찮다.

오히려 한 명이기에 더 깊고 소중하다. 이해관계로만 덕지덕지 얽혀있는 수백 명의 사람보다 깊은 신뢰를 나누는 단 한 사람이 40대 이후 삶의 무게를 견디는 데 훨씬 더 큰 힘이 될 것이다. 위로받고 싶을 때, 정말 기쁜 일이 있을 때, 스스럼없이 전화 한 통 걸 수 있는 한 사람이 있다는 것. 그것이 바로 인생의 진짜 '성공'이라 해도 과언이 아니다. 지금 떠오르는 누군가가 있다면, 바로 연락해 보는 것은 어떨까. 친구가 되어 줘서 고맙다고, 나와 함께 있어 줘서 든든하다고, 아무 일 없어도 지금 당장 커피 한잔 마시며 오랜 대화를 나눌 수 있는 그 친구 한 명이 내 인생 후반전의 가장 큰 버팀목이 될지도 모른다.

생각해 보기

1. 진심으로 마음을 나눌 수 있는 친구는 몇 명이나 있는가?

2. 내가 힘들거나 외로울 때, 아무 망설임 없이 전화할 수 있는 사람은 누구인가?

3. 'Friend'와 'Fiend' 사이의 작은 차이, 나는 관계에서 그 'r'을 어떻게 쌓아 가고 있는가?

마무리를 잘할 것

태종

> 마무리는 곧 새로운 시작의 순간이라는 마음가짐으로 최선을 다해야 한다.

성명	이방원(태종)
생애	1367~1422(고려~조선)
경력	조선 제3대 국왕
주요 이력	세종에게 왕위를 물려주며 자신의 역할을 잘 마무리하기 위해 많은 노력을 기울였으며, 세종이 훌륭한 정치를 펼 수 있는 좋은 기반을 마련해 주었음.

마무리의 중요성

인생과 경력의 한복판에 서 있는 40대는, 활발한 사회생활을 통해 만나는 사람들과 좋든 싫든 다양한 관계를 쌓는 시기다. 좋은 관계를 형성하기 위해 첫인상이 중요한 것은 당연하겠으나, 그에 못지않게 중요한 것이 '끝인상'이다. '회자정리(會者定離)'라는 말처럼 어떤 만남이든 처음이 있으면 끝이 있기 마련이다. 다시 볼 일 없을 거라는 생각에 관계의 마무리를 대수롭지 않게 여기는 사람들도 있지만, 인생을 살아보면 그렇지 않다. '회자정리(會者定離)' 뒤에 '떠난 사람은 반드시 되돌아온다'는 뜻의 '거자필반(去者必返)'이라는 말이 뒤따라오듯이, 한번 맺어진 인연은 언제 어디서 또다시 이어질지 알 수 없는 것이 인생이다. 40대는 인생을 살아갈 날이 아직 많이 남아 있기에 이 섭리를 가볍게 여기지 말아야 한다.

끝맺음을 중시해야 하는 것은 관계에서뿐만 아니라, 일에서도 마찬가지다. 직장에서 보직이 변경되어 더 이상 그 일을 하지 않게 되더라도 업무 인수인계처럼 내게 남은 역할에 최선을 다해야 하고, 좋은 인상을 남길 수 있도록 애써야 한다. 관계에서든, 일에 있어서든, 사람들은 나의 마지막 모습을 더 오래도록 기억하기 때문이다. 마무리를 잘하는 것은 회사와 후임을 위해서도 좋은 일이지만, 나의 평판과 일하는 자세를 위해서도 매우 중요한 일이다.

조선 시대에 누구보다 마무리의 중요성을 잘 알고 실천했던 인물이 있다. 우리가 흔히 태종 이방원이라 알고 있는 인물이다. 오늘날 기꺼이 대왕이라는 수식어를 붙이며 칭송하는 세종대왕이 성군으로 그 이름을 역사에 남긴 데는 여러 이유가 있겠지만, 결코 빼놓을 수 없는 이유 한가지는 전임자가 바로 태종이었다는 사실이 아닐까 싶다. 태종은 말년에 스스로 왕위를 세종에게 양위하고 상왕으로 물러났다. 그리고 완벽한 인수인계를 통해 왕으로서의 업무를 세종에게 넘겨주는데 진력하였다. 덕분에 세종은 역대 그 어느 왕보다 확고하고 안정적인 위치에서 자신의 뜻을 마음껏 펼치며 일할 수 있었다. 태종의 훌륭한 마무리를 살펴보면, 일과 관계에 있어 어떤 자세로 마무리해야 할지 교훈을 얻을 수 있다.

가장 마음에 걸리는 것부터 마무리할 것

태종의 마무리 그 첫 번째 특징은, 가장 마음에 걸리는 것부터 마무리했다는 점이다. 조선 초기에는 왜구, 즉 일본 해적의 창궐이 큰 골칫거리였다. 태종이 국방에 특히 많은 신경을 쓸 수밖에 없던 이유이기도 했다. 그는 세종에게 왕위를 넘기면서도 군 통수권만큼은 곧바로 넘기지 않았다. "모든 권력은 총구에서 나온다."라는 말처럼 권력의 핵심인 군 통수권을 당분간 본인이 쥐고 있겠다는 뜻이기도 했지만, 이 골치 아픈 왜구 창궐 문제를 본인이 마무리 짓겠다는 의지이기도 했다.

세종 1년, 왜선 32척이 비인현을 습격해 민가를 약탈하고 물러갔다는 소식을 접한 상왕 태종은 격분한다. 보다 근본적인 해결책을 통해 후환을 제거하는 것이 필요하다고 판단한 그는 이종무에게 227척의 병선과 1만 7천 명에 이르는 군사를 이끌고 대마도 정벌에 나설 것을 명한다. 그 결과 조선군은 승리를 거두고 대마도주의 항복을 받아내는 데 성공했다. 이 정벌을 계기로 왜구 세력은 크게 위축되었고, 이후 약 백여 년간 조선의 변방은 평화를 되찾을 수 있었다. 세종이 왜구 문제로 골머리를 앓는 대신 내정에 더 집중할 수 있는 환경이 조성된 것이다.

상대 입장에서 필요한 마무리를 할 것

세종이 국정에만 전념할 수 있도록 태종이 신경 써서 마무리했던 것은 국방 문제에만 국한되지 않았다. 역사적으로도 종종 국정에 걸림돌이 되어 왔던 외척 세력을 철저히 정리한 것 또한 마찬가지였다. 세종의 장인 심온은 최고 벼슬인 영의정까지 오르며 탄탄대로를 달리고 있었다. 기록에 따르면 그가 명나라 사신으로 떠날 때 사람들이 모두 전송 나가느라 한양 도성이 거의 텅 빌 정도였다고 한다.

이때 심온의 나이는 마흔네 살이었는데 갓 즉위한 임금의 장인에다 영의정까지 올랐으니, 권력의 핵심으로 떠오른 그에게 줄 서려는 사람들이 그만큼 많았음을 보여 준다. 권력이 심온에게 확 쏠리는 모습을 본 태종은 강한 경계심을 품는다. 때마침 병조참판(兵曹參判)[34] 강상인이 태종을 건너뛰고 세종에게 먼저 군사 보고한 사건이 그를 능멸한 것이라 하여 논란을 부른다. 결국 심온이 강상인에게 동조했다는 증언이 빌미가 되어 사약을 받고 만다.

강력한 왕권주의자였던 태종은 왕권에 위협이 되는 세력은 그 누구라도 가차 없이 쳐내길 주저하지 않았다. 그 숙청의 칼날은 자신의 오랜 심복도, 혈통으로 묶인 처남들도 비껴가지 못했다. 그리고 자신의 대를 이은 세종의 치세에도 역시 그래야 한다고 믿었다. 아무리 그래도 명확히 드러난 죄도 없던 심온을 그렇게 죽게 만든 것이 온당한가 생각은 들 수 있지만, 적어도 세종 집권 내내 외척으로 인한 분란이 전혀 없었고 이를 토대로 오로지 국정에만 전념할 수 있었다는 사실만은 분명해 보인다. 편안한 환경에서 외척 문제없이 일에만 몰두할 수 있었다는 건 세종으로서도 다행스러운 일이었을 것이다. 이것은 태종이 세종의 입장에서 필요한 마무리를 한 것임을 알 수 있다.

34　현재의 국방부차관급으로 병조판서를 보좌하던 종2품 관직.

모두에게 이익이 되는 방향으로 마무리할 것

마지막으로 태종의 마무리는 국가 전체에 이익이 되는 방향으로 진행되었다. 태종이 세상을 떠나기 전 시행한 마지막 사업은 한양 도성 수축이었다. 성벽 곳곳이 허물어져 다시 쌓아야 했지만 농번기를 피해 추운 한겨울에 많은 백성을 동원해야 하는 대규모 역사였기 때문에 백성들의 원성을 듣기 딱 좋은 사업이기도 했다. 하지만 언젠가는 꼭 해야 할 일이었기에 그 비난을 세종이 듣도록 하는 것보다, 차라리 자신이 그 악역을 맡는 것이 낫겠다는 결심을 한다. 공사 시작 이후 태종은 혹시라도 얼어 죽는 백성이 없도록 세심하게 보살피며 공사를 진행하였고, 그렇게 한 달 만에 지금의 한양 도성이 완성된다. 개인적인 심정으로는 왕위까지 넘긴 마당에 비난과 원망 듣는 일을 굳이 나서서 하고 싶지는 않았을 테다. 하지만 조선에 꼭 필요한 일이 무엇인지를 우선으로 고민했기에, 자신이 총대를 메고 도성 수축을 진행한 것이다.

첫인상보다 중요한 건 끝인상

태종의 마무리는, 일과 관계를 마무리할 때 가져야 할 자세에 대해 잘 보여 준다. 태종은 자신이 안고 있던 어려움을 떠넘기고 도망치듯 마무리하지 않았다. 가장 신경 쓰이던 일부터 마무리했고, 상대 입장에서 꼭 필요한 일을 하고자 했으며, 내가 조금 손해를 보더라도 되도록 많은 사람에게 이익이 되는 방향으로 마무리하였다. 이 모든 것을 한 단어로 요약하면 '배려'다. 상대의 입장을 충분히 배려하고, 고맙다는 생각이 들게 할 만큼 철저히 마무리를 지었다. 이러한 마무리는 오랫동안 좋은 기억으로 남을 수밖에 없다.

40대는 수많은 변화가 반복되는 시기다. 이직 또는 승진이나 부서 이동 같은 변화가 종종 찾아오며, 그 과정에서 함께 했던 사람들과 헤어지고 또 새로운 만남 가운데 수없이 많은 '마무리'를 반복한다. 그 마무리를 계기로 새로운 기회가 만들어지기도 하고, 나의 마무리를 지켜본 사람들의 기억 속에 나에 대한 신뢰나 불신이 쌓이기도 한다. 마무리를 얼마나 잘 지었느냐에 따라, 어떤 기회가 새롭게 다가올지 알 수 없다. 그러므로 마무리는 곧 새로운 시작의 순간이라는 마음가짐으로 최선을 다해야 하고, 그 저변에는 타인에 대한 배려가 깔려 있어야 한다.

주역에 '군자유종(君子有終)'이라는 말이 있다. 군자는 끝을 잘 맺는다는 말이다. 끝을 잘 맺는 사람은, 사람들의 기억 속에도 아름답게 남는다. 백성들은 태종의 마지막을 어떻게 기억했을까? 야사에 따르면 태종은 1422년 5월 10일(음력) 세상을 떠나기 직전까지도 백성들이 오랜 가뭄으로 고통받는 것을 걱정하며, 자신이 죽으면 하늘에 올라가 큰비를 내리게 하겠다 말했다고 한다. 그리고 그다음 날 태종이 승하하자 곧 큰비가 내려 가뭄이 해소되었다는 것이다. 그 이후 매년 가뭄이 들어도 5월 10일만 되면 단비가 내린다고 해서 백성들은 이를 '태종우(太宗雨)'라 불렀다는 전설이 전해진다. 마지막 순간까지 백성들을 걱정하다 죽어서까지 단비를 내려 주는 임금, 이것이 백성들 기억 속 태종의 마지막 모습이었다.

이번에는 스스로에게 물어보자. 나는 어떤 마무리를 남기고 싶은가. 만남과 헤어짐의 반복 속에서 나와 인연이 닿았던 사람들에게 나의 마지막 순간은 어떻게 기억되기를 바라는가.

생각해 보기

1. 나는 일이나 관계에 있어서 어떻게 마무리하는가?
2. 내가 남긴 끝인상이 다른 사람들에게 어떻게 기억되고 있을까?
3. 내가 떠난 자리가 누군가에게 더 좋은 시작이 될 수 있도록 배려한 적이 있는가?

태종

책임감에도 균형을 가질 것

> "
>
> 우리에게도 그런 절제된
> 책임의 균형이 필요하다.
>
> "

성명	손순효
생애	1427~1497(조선)
경력	병조판서, 호조참판, 형조참판, 대사헌
주요 이력	뛰어난 문장가였으며, 술을 매우 좋아했던 것으로 알려짐. 건강을 염려한 왕이 술을 석 잔까지만 마시라는 여명을 내리자, 커다란 밥그릇에 석 잔 부어 마셨다는 이야기가 전해짐.

책임에도 균형이 필요하다

40대가 되면 책임져야 할 일이 많아진다. 가정에서는 부모로서, 배우자로서 직장에서는 중간 관리자나 리더로서, 사회에서는 책임 있는 구성원으로서 여러 역할을 동시에 수행해야 하는 시기이기 때문이다. 나이 드신 부모님의 노후를 고민해야 하는 이들도 있다. 어쩌면 책임감이 마음을 가장 무겁게 짓누르는 시기가 바로 이때일지도 모르겠다. 책임이란 단어가 갖는 무게는 결코 가볍지 않다. 너무 과도한 책임은 나 자신을 무너지게 만들 수 있고, 책임을 너무 회피하려고만 들면 다른 사람들과의 관계가 무너질 수 있다. 적절한 책임의 균형을 잘 갖는 것이 매우 중요하다는 뜻이다. 물론 이것은 말처럼 쉬운 일이 아니다. 일정 부분 책임을 지고 살아가는 것이 불가피하다면, 그것을 어떻게 잘 해낼 것인가에 대해 고민하는 것이 필요할 것이다. 이것에 대해 작은 힌트를 주는 재미난 일화가 있다. 조선 전기 때 성종이 신임했던 신하이자, 뛰어난 문장가로도 이름을 날렸던 손순효에 얽힌 이야기다.

술을 좋아했던 신하

조선 시대 9대 임금 성종은 술을 정말 좋아하기로 유명했던 임금이다. 그런데 그런 성종조차도 혀를 내두를 만큼 두주불사인 신하가 있었으니, 손순효라는 인물이었다. 대사헌과 병조판서 등 여러 관직을 두루 역임할 만큼 실력을 인정받고 성종이 아끼는 신하였다. 술을 지나치게 좋아하는 그의 모습에 건강이 걱정된 성종은 "경은 이제부터 술 마실 때 석 잔을 넘지 않도록 하라."는 명령을 내린다.

하루는 외교문서를 담당하는 관청인 승문원에서 명나라에 보낼 문서를 올렸는데, 성종의 마음에 영 들지 않았던 모양이다. 성종은 당대의 뛰어난 문장가였던 손순효에게 글을 손보게 하려고 당장 그를 불러들인다. 그런데 성종 앞에 급히 불려 온 손순효의 상태가 영 좋아 보이지 않았다. 얼마나 술을 마셨는지, 거나하게 취해서 속된 말로 '꽐라'가 되어 있었다. 그 모습을 보고 황당해진 성종이 대체 얼마나 술을 마셨길래 상태가 그러하냐고 꾸짖듯 다그치는데, 이때 그가 했다는 대답이 걸작이다.

"어명대로 딱 석 잔만 마셨습니다. 다만, 그 잔이 밥그릇이었을 뿐입니다."

사정을 들어 보니 시집가서 오랫동안 얼굴을 보지 못하던 딸이 오랜만에 친정에 들르자 손순효가 너무나 기뻤던 모양이다. 기분이 정말 좋았던 만큼 딸과 마주 앉아 마음껏 술을 마시고 싶었는데, 그렇다고 성종이 자신에게 내린 어명을 어길 수는 없었다. 그래서 생각해 낸 것이 커다란 밥그릇이었다. 그 그릇에 술을 가득 부어 딱 석 잔만 마신 것이다. 그 말을 들어도 여전히 황당했겠지만, 그래도 아주 이해되지 않는 바는 아니었을 것이다. 어쨌든 어명을 어긴 것은 아니었으니, 더 이상 그를 나무라지는 않았다.

성종은 손순효가 잔뜩 취해 중국에 보내는 문서를 손봐 줄 여력이 되지 않는 것 같으니 다른 신하를 부르겠다 했다. 하지만 손순효는 바로 괜찮다며, 번거롭게 하실 필요가 없다고 본인이 글을 지어 올리겠다고 답한다.

그렇게 손순효가 거침없이 글을 다시 지어 올렸고, 그렇게 쓰인 글이 정말 훌륭해서 성종이 매우 기뻐했다고 전해진다. 그의 노고를 치하하며 또 술을 내리고 잔치를 열어 손순효는 완전히 고주망태가 되어 집으로 돌아갔다는, 어쨌든 해피 엔딩으로 마무리된 이야기다.

자신의 책임을 완벽히 수행해 내다

손순효의 이야기를 들어 보니 어떤 생각이 드는가? 임금의 어명을 차마 어기지는 못하겠고, 그 와중에도 어떻게든 술을 많이 마셔 보겠다고 꼼수 부리는 모습으로 보일 수도 있겠다. 하지만 손순효의 이 이야기에서, 자신의 역할 속에서 어떻든 주어진 책임을 다하려 애쓰는 한 사람이 보이기도 한다. 임금이 내린 어명을 지키려는 신

손순효

하로서의 책임, 오랜만에 집을 방문한 딸을 진심으로 반기고 환대하는 부모로서의 책임, 그리고 삶의 여유를 즐기며 살아갈 줄 아는 자기 자신에 대한 책임까지, 그가 밥그릇에 부어 마신 석 잔의 술에는 그러한 책임이 각각 담겨 있었다고 볼 수 있지 않을까?

그리고 술에 취한 와중에도 명나라에 보낼 문서의 글을 성종이 크게 칭찬할 만큼 멋지게 써서 올리는 모습까지 완벽하게 보여 주었다. 당대의 대문장가로서 받고 있던 기대까지 완벽히 부응해 낸 것이다. 손순효의 이 에피소드가 완벽한 해피 엔딩의 기승전결을 갖추고 있는 이유는, 바로 이러한 마무리에 있다. 만약 이 상황에서 글을 제대로 써내지 못하고 오히려 성종을 화만 나게 만들었다면, 이 이야기가 사람들의 입을 타고 널리 회자되는 일은 없었을 것이다. 그가 자신의 책임을 끝까지 완벽하게 마무리할 수 있었던 것은 손순효가 술에 취한 상태에서도 성종에게 무례하지 않았으며, 또한 훌륭한 글을 써 낼만큼 뛰어난 실력을 보여 주었기 때문이다.

책임지는 모습에도 균형이 필요하다

손순효가 신하로서 요구받았던 책임과 부모로서 필요했던 책임을 함께 수행함과 동시에, 적당히 인생을 즐기며 밥그릇에 술을 부어 마시는 모습에서 여유로운 마음과 풍류가 엿보인다. 이것이 더

멋져 보이는 이유는, 그가 책임을 다하려는 과정에서 넘지 말아야 할 선은 지켰다는 점이다. 임금의 어명을 지켰지만 술 한잔 걸치며 딸과의 즐거운 시간을 보내는 것도 포기하지 않았다. 그리고 임금이 긴급 호출한 상황에서도 그는 과음으로 무례한 실수를 저지르지 않았으며, 오히려 성종이 크게 기뻐할 만큼 훌륭한 글을 지었다.

여러 역할을 동시에 수행할 것을 요구받는 40대의 삶은 힘들고 어렵다. 더욱이 나 한 사람 건사하기도 힘든데, 타인의 삶에도 영향력이 커지는 시기다. 직장에서는 중간 관리자로서, 가정에서는 부모이자 배우자로서, 또 나이 드신 부모님의 자식으로서 이전보다 더 많은 책임을 지고 모범적인 모습을 보일 것을 요구받는다. 책임은 더 커지는데 심리적, 신체적 에너지는 나날이 줄어만 간다. 힘들지 않을 수 없다. 이것을 잘 헤쳐 나가지 못하면 나 자신과 주변에까지 해를 미칠 수도 있기에 지혜로운 대처가 필요하다.

그런 압박감이 나를 짓누를 때, 손순효가 보여 준 지혜를 떠올려 보자. 그는 '임금께서 술을 자제하라고 하셨으니 그냥 먹지 않을 거야'라고 하거나 '오늘은 오랜만에 딸이 집에 왔으니까 어명이고 뭐고 그냥 마실 거야'라고도 하지 않았다. 비록 성종이 기대했던 모습대로는 아니지만, 밥그릇으로 술 석 잔을 채우는 절묘한 균형과 타협점을 찾으며 자신의 역할에 책임지는 모습을 보였다. 그리고 그러한 책임의 균형을 완성한 것은, 술에 취한 와중에도 멋진 글을 써냈던 손순효의 실력에 있었다. 우리에게도 그런 절제된 책임의 균형이 필요하다. 그리고 그것은 나의 실력으로 뒷받침될 때 더 빛난다.

모든 책임과 기대에 대해 완벽하게 부응해야 한다는 생각은 버릴 것, 다만 내가 해낼 수 있는 한계 내에서 후회 없을 만큼 최선을 다할 것, 그리고 그것을 위해 나의 실력을 계속해서 쌓아 나가기를 게을리하지 말 것. 결국 책임지는 삶을 살아감에 있어 지향해야 할 방향은 여기에 있지 않을까.

1. 나는 지금 어떤 책임들을 동시에 감당하고 있으며, 그 무게를 어떻게 느끼고 있는가?

2. 모든 역할에서 완벽해 보이려는 자세가 오히려 나 자신을 소진시키고 있지는 않은가?

3. 내게 주어진 책임들을 건강하게 잘 감당해 내려면, 내가 반드시 갖추어야 할 '실력'은 무엇인가?

실력으로 승부할 것

충선왕

> "
> 진정한 성공은 빨리 도달하는 것이 아니라, 쉽게 무너지지 않고 오래 버티는 것이다.
> "

성명	왕장(충선왕)
생애	1275~1325 (고려)
경력	고려 제26대 국왕
주요 이력	원 황실의 외손자이자 사위라는 막강한 배경으로 권력을 쥐었지만, 왕으로서 국가를 운영하는 실력을 쌓는 것보다 권력 유지를 위한 권력 투쟁에만 골몰한 결과 뚜렷한 업적을 남기지 못한 왕이 되고 말았음.

역대급 금수저였지만

마흔을 넘은 인생을 살며 얻은 경험이 알려 주는 사실이 있다. 인맥을 잘 타고, 줄을 잘 서면 더 많은 기회를 얻는 것처럼 보이는 현실이다. 실제 주위를 둘러보면, 실력보다 '누구의 아는 사람'인 덕분에 쉽게 가기 어려운 자리를 얻는 사람도 종종 본다. 물론 이러한 '인적 네크워크'를 무조건 나쁘다 할 수는 없다. 기회는 결국 사람을 통해서 오는 것이기에 결코 무시할 수 없는 것이다. 다만 내 성공을 위해 실력을 쌓는 노력은 소홀히 한 채, 오로지 타인과의 인맥에만 기대는 것이 반드시 좋은 접근법인지는 생각해 볼 여지가 있다.

당장 회사에서의 경우만 생각해도 그렇다. 내 위의 임원이 인생의 동아줄이라 생각해 모든 충성을 다 바쳤는데, 갑작스러운 권력 변동으로 라인이 바뀌어 버릴 수도 있다. 하지만 실력만 있다면 내 위에 누가 오더라도 나에게 기회는 언제나 열려 있다. 누군가의 호의에 기대어 만든 자리나 성과는 결국 언젠가 흔들리지만, 노력으로 쌓아 올린 실력은 누구도 빼앗을 수 없을 뿐만 아니라 시간이 지나도 여전히 내 것이고, 상황이 바뀌더라도 나를 지켜 준다.

고려의 암흑기였던 원 간섭기 시절, 역대 최고의 금수저를 물고 태어난 왕이 있었다. 몽골족의 원나라가 세계사적으로도 유례없는 초강대국으로 군림하던 시절에 그 황제인 세조 쿠빌라이의 외손자라는 막강한 핏줄을 갖고 태어난 임금, 충선왕이다. 그는 쿠빌라이가 각별하게 사랑했던 외손자였음과 동시에, 원나라 황실의 사위이기도 했다. 이처럼 엄청난 금수저였던 충선왕은, 그것을 최대한 활용해 자신의 입지를 단단히 구축하고자 했다. 그는 심지어 원나라 황제 계승에 영향력을 미칠 정도였다. 그래서였을까. 그는 고려의 국왕으로서의 정치보다는, 자신의 입지를 더 견고히 하기 위한 정치에만 더 골몰했다. 왕으로서 선정을 베풀고 정치력을 쌓아 가는 노력보다는, 자신의 혈연과 인맥을 활용하는 데만 더 큰 노력을 기울였다. 타고난 영리함까지 더하여 역대 그 어느 왕보다 탁월한 업적을 남길 수 있는 훌륭한 조건을 가지고 있었지만, 직장 생활에 비유하자면 업무 실력보다는 '사내 정치'에만 지나치게 매달린 결과 그리 썩 좋지 못한 결말을 맞고 말았다.

아버지와 권력 다툼을 벌이다

고려는 몽골의 침략에 맞서 수도를 강화도로 옮기고 40여 년에 걸쳐 항쟁했지만, 국력이 극도로 피폐해지며 항쟁을 지속하기 어려웠다. 대몽항쟁을 주도했던 무신정권 시대가 막을 내리자 이제는 원나라의 간섭에 시달려야 했다. 고려는 쌍성총관부[35] 등 여러 영토를 뺏겨야 했고, 무엇보다 직접적인 내정 간섭에 직면할 수밖에 없었다. 대대로 고려는 중국과 사대관계를 맺고 고려 왕이 중국 황제의 책봉을 받는 형식을 취해 왔지만 이것은 형식적인 것이었을 뿐 고려는 자주국으로서 권리를 행사했다. 하지만 원 간섭기 이후에는 원나라 황실 마음대로 고려의 왕을 직접 책봉하게 된다. 원나라 입맛에 따라 언제든지 왕이 바뀔 수 있는 처지가 되고 만 것이다.

현실적으로 세계 최강대국으로 부상한 원나라의 지배나 간섭을 고려가 완전히 피해 가기는 어려웠다. 그나마 당시 왕이었던 원종의 과감한 외교적 결단으로 원나라의 부마국이 된 것이 고려 국익을 위해 그나마 택할 수밖에 없었던 고육지책이었다. 실제 부마국이 된 이후 원나라의 핍박과 강탈은 눈에 띄게 줄었고, 원나라 풍습을 강요받지도 않았다. 또 고려는 원나라의 제후국들 중에서 가장 후한 대접을 받았다. 원종의 아들 충렬왕은 39살의 나이에 쿠빌라이의 16세 딸 제국대장공주와 결혼했는데, 역사상 가장 강력한 친정을 둔 왕비의 눈치를 볼 수밖에 없었다. 왕비 앞에만 서면 작아지는 충렬왕이었지만 나중에 충선왕이 되는 그의 아들, 즉 세자는 사정이 좀 달랐다. 충렬왕이 쿠빌라이의 사위이긴 하지만 피 한 방울 안 섞인

35　원나라가 고려의 동북 지역 영토(지금의 함경남도 영흥 이북)에 대해 직할령으로 설치했던 관부.

사이였다면, 세자는 쿠빌라이의 피를 이어받은 외손자였기 때문이다. 더구나 쿠빌라이는 그를 각별히 아꼈다. 세자가 22살이 되던 해 원나라의 계국대장공주와 결혼하여 원 황실과의 혼인 관계를 이어간다. 왕인 아버지보다 더 강력한 권력을 쥐고 있는 세자. 결국 충렬왕은 양위하기로 결심하며 세자가 왕위에 오르니, 그가 바로 충선왕이다.

충선왕은 그 스스로가 원 황실과의 혈연관계로 맺어져 있었기 때문에 아버지와 달리 왕비의 눈치를 그리 보지도 않고 내키는 대로 행동했다. 하지만 자신을 예뻐하던 쿠빌라이는 세상을 떠났고, 새로운 원나라 황제는 고려 왕을 교체하라는 교서를 내린다. 즉위한 지 불과 일곱 달 만에 충선왕은 쫓겨났고 충렬왕이 복위한다. 폐위된 충선왕은 원나라 수도 연경에 불려 가게 되고, 고려 조정은 충렬왕파와 충선왕파로 갈라져 부자간의 치열한 정치싸움이 전개된다. 충선왕의 이 경험은 이후 그 스스로를 극심한 정치싸움으로 내모는 결정적 계기가 되었다.

권력 유지에 골몰하다

충선왕이 연경에 머무는 동안 원나라 황제 계승 다툼이 일어난다. 이때 충선왕이 지지한 카이샨이 새 황제로 등극하면서, 그는 권력의 핵심부로 진입했다. 게다가 얼마 지나지 않아 충렬왕이 세상을 떠나면서 충선왕은 다시 왕위에 오를 수 있었다. 그는 왕위 계승을 위해 고려로 잠시 복귀했다가 고작 3개월 만에 다시 연경으로 돌아간다. 그리고 원격으로 나랏일을 지시할 뿐 고려로 귀국할 생각도 하지 않았다. 문제는 여기서부터 시작된다. 오랜 연경 생활로 인해 그곳이 고려보다 더 친숙해서일 수도 있지만, 한번 실각의 아픔을 겪었던 그로서는 권력의 원천인 황실 가까이 있는 것이 권력 유지에 도움이 될 것이라는 판단을 내렸기 때문으로 보인다. 고려왕이 고려에 없는 이 비상식적인 상황에 신하들은 고려로 돌아오라고 끊임없이 주청하지만 꿈쩍도 하지 않았다. 그러던 어느 날 충선왕은 갑자기 세자에게 왕위를 물려주고 상왕으로 물러나는데, 그가 충숙왕이다. 고려로 돌아오라고 자신을 귀찮게 하는 신하들을 계속 무시만 하기에는 명분이 부족했기에, 아들을 허수아비 왕으로 내세워 계속 권력을 유지하는 동시에 어쨌든 왕에서 물러났다는 핑계로 연경에 머무르려한 것이다. 충선왕은 왕으로서 고려를 제대로 통치할 생각보다는, 어떻게 하면 자신의 권력을 오랫동안 잘 유지할지에만 골몰했던 것으로 보이는 이유다.

이때 원나라에 급격한 정세 변화가 일어난다. 충선왕의 후견인 역할을 하던 황제가 세상을 떠난 것이다. 정치 반대파의 모함을 받아 다시 권력에서 밀려난 충선왕은 지금의 티베트인 토번으로 유배를 떠나는 신세가 된다. 몇 년 뒤 유배에서 풀려나지만 그로부터 2년도

채 못 되어 51세의 나이로 세상을 떠나고 말았다. 어릴 때부터 총명했고 쿠빌라이의 외손자라는 신분에다 원나라 황제들과 절친한 사이라는 압도적 권력 기반까지 갖춘 충선왕이었지만, 오히려 그러한 권력 기반을 유지하기 위해 평생 권력 투쟁에만 몰두하다 뚜렷한 업적도 남기지 못한 실패한 왕으로 기록되고 말았다. 당시의 역사를 기록한 사관은 그를 두고 이렇게 평가했다.

"임금의 지위는 많은 백성이 우러러보며 모든 정무가 집중되는 곳이므로 하루도 비워서는 안 되거늘 왕은 이미 황제의 명을 받아 복위하고서도 부녀자들과 내시들의 꾐에 빠져 연경에 눌러앉은 지 5년이나 되었다. 나라 사람들은 필요한 물자를 대느라 고초를 겪었고 따르는 신료들은 오랜 노고로 귀국할 것만 생각하면서 서로 모함을 꾀하기에 이르렀다."[36]

진정한 성공의 기반은 실력에 있다

누구보다 강력한 왕권 기반을 가진 충선왕이었지만, 그는 자신이 가진 혈연과 인맥을 활용하여 권력을 오랫동안 유지하는 것에만 몰

36　《고려사》, 〈세가〉 권34, 사신의 찬.

충선왕

두하였을 뿐 정작 자신이 왕으로서 해야 할 책무에는 최선을 다하지 않는 모습을 보였다. 그가 왕으로서의 능력을 제대로 보이는 것에 더 충실하고자 했다면, 고려와 멀리 떨어진 원나라 수도 연경에 그토록 오래 눌러앉아 있겠다는 결정을 할 수 있었을까? 그는 왕에게 있어 근본적으로 중요한 것은 나라를 제대로 다스리는 실력이라는 것을 간과했고, 그가 실패한 왕으로 역사에 기록된 결정적인 이유가 되었다.

어떻게 하면 빨리 성공하고, 그 성공을 오랫동안 유지할 수 있을까 고민하는 것은 당연한 일이다. 다만 그 성공을 지켜 내는 방식에 따라 그것이 건강하게 오래 이어질 수도 있고, 금세 무너질 수도 있다. 남의 인정이나 도움에만 기대기보다는 스스로 당당해질 수 있는 실력을 갖추는 것이 진정한 성공으로 가는 길임을 잊지 말아야 한다. 잘나가는 지인 덕분에 빠르게 기회를 잡아 성공하는 사람을 보면 부럽기도 하다. 그에 반해 홀로 실력을 쌓아 가는 과정은 더디고 고단하다. 그럼에도 불구하고 스스로 쌓아 올린 실력은 남의 손에 의존한 것이 아니기에 더 단단하고 오래간다. 진정한 성공은 빨리 도달하는 것이 아니라, 쉽게 무너지지 않고 오래 버티는 것이다. 그리고 그 기반은 언제나 실력에 있다.

생각해 보기

1. 커리어를 위해 실력을 쌓는 데 집중하고 있는가, 인맥과 관계에만 더 의존하고 있는가?

2. 나는 실력을 기르기 위해 꾸준히 투자하고 있는가, 아니면 현 위치에 안주하고 있는가?

3. 내가 생각하는 '지속 가능한 성공'은 무엇이며, 그 기반은 어디에서 오는가?

믿음은 내 선택에 대한 책임임을 기억할 것

공민왕

> "
> 그 자체를 끝까지 스스로 책임지는 태도, 그것이 곧 사람을 믿는다는 것의 본질이다.
> "

성명	왕전(공민왕)
생애	1330~1374 (고려)
경력	고려 제31대 국왕
주요 이력	뛰어난 개혁 의지와 비전을 가졌지만 신하들을 진심으로 신뢰하지 못한 리더였음. 반복적인 숙청으로 신하들의 충성을 잃었고, 결국 개혁도 지속되지 못함.

사람에 대한 믿음에 관하여

사람을 믿어도 괜찮은가? 사실 사람을 믿는다는 것은 굉장히 복잡하고 쉽지 않은 주제다. 사람과 사람이 만나 관계를 형성하려면 반드시 서로에 대한 믿음이 전제되어야 한다. 처음 만났을 때 서로 명함을 주고받고 악수를 청하면서 관계가 시작된다. 명함에 적힌 직함이 맞는지, 어디서 무슨 일을 하는 사람인지 믿어 주는 것이 전제되지 않으면 애초에 관계의 시작부터 어렵다. 작은 신뢰에서 시작한 관계는 점점 더 큰 신뢰가 쌓이며 더 깊은 관계로 발전할 수 있다. 그렇지만 사람을 섣불리 믿었다가 사기를 당하거나, 크게 뒤통수 맞고 상처받을 위험도 늘 공존한다. 사람을 믿는다는 것에는 그런 리스크가 언제든 내포되어 있을 수 있기 때문에, 사람을 믿는다는 것은 그래서 어렵다.

40대는 대체로 직장에서 중간 관리자, 팀장, 혹은 경영진으로 올라서는 시기다. 이것은 리더로서 역할을 해야 한다는 뜻이고, 리더는 팀원과 같은 타인을 통해 성과를 내야 하는 자리인 만큼 믿음이 반드시 필요한 시기다. 아무도 믿지 못함으로 인해 모든 일을 혼자 다 해내기란 불가능하기 때문이다. 그래서 누구를 어떻게 믿을 것인가에 대한 질문은 나 자신의 성공을 위해서라도 반드시 필요하다. 이 주제로 생각해 볼 때 좋은 힌트를 줄 수 있는 인물이 있다. 원나라로부터 고려의 완전한 자주독립을 꿈꾸던 임금, 고려 31대 왕 공민왕이다.

신하들의 잇따른 배반

사실상 원나라 황제가 임명하는 왕위에 우여곡절 끝에 오른 공민
왕이었지만 곧바로 어려움에 직면해야 했다. 원나라에서 어린 시절
을 보낼 때부터 그를 가까이 보필한 조일신이라는 측근 신하가 있었
다. 공민왕의 힘든 시절을 함께한 사이였다는 배경을 믿고 기고만장
했던 나머지 조일신은 안하무인적이고 불법적인 행위를 거듭했다.
그럼에도 공민왕은 그를 감싸고 오히려 더 높은 벼슬에 임명해 주었
다. 조일신은 더 많은 권력을 얻자 공민왕의 적대세력인 친원파 기
철뿐만 아니라 자신의 경쟁자들까지 하나둘 제거해 나갔다. 어느덧
조일신의 천하처럼 되어 버린 상황에 공민왕도 더 이상 방치할 수
없었다. 조일신을 전격 체포하고 사형에 처하니, 불과 공민왕의 즉위
1년 만에 벌어진 일이었다.

조일신이 제거된 이후 공민왕은 김용과 정세운이라는 신하를 총
애했다. 정세운이 북쪽 국경을 침범해 온 홍건적과의 싸움에서 공을
세우자 김용은 다른 무신들을 끌어들여 제멋대로 정세운을 죽이는
만행을 저지른다. 이 일로 처벌받을 것이 두려웠던 김용은 자신이
끌어들인 무신들에게 잘못을 덮어씌워 제거한다. 이즈음 공민왕 암

살 시도 사건이 일어나는데 김용은 가담자들을 신문조차 하지 않고 즉결처분하고 말았다. 결국 이 사건의 배후로 지목된 김용은 유배를 갔다가 그곳에서 죽음을 맞는다. 총애했던 신하 김용의 배신과 몰락은 공민왕에게 특히 깊은 상처를 남겼는지, 그와 함께 좋았던 옛 과거를 추억하며 눈물 흘렸다는 이야기가 전해진다.

개혁의 깃발을 들고 앞만 보고 달리던 공민왕이었지만, 그의 일생에 엄청난 충격을 주는 사건이 발생한다. 원나라 공주 출신임에도 한결같이 공민왕 편에 서서 의지가 되어 주던 왕비 노국대장공주가 아이를 낳다가 세상을 떠난 것이다. 크게 상심해 있던 공민왕이 이때 만난 인물이 승려 출신 신돈이었다. 그에게 매료된 공민왕은 국정의 전권을 위임했고, 신돈은 왕의 견고한 신임을 바탕으로 중대한 개혁 과제들을 추진한다. 권세가들이 강제로 빼앗은 토지를 돌려주고, 노비가 된 양인들의 신분을 회복시킨 것이 대표적이다. 하지만 신돈도 이전의 다른 권세가들과 크게 다르지 않은 모습을 보여 준다. 대궐 같은 집을 일곱 채나 짓는가 하면, 성적으로도 문란한 모습을 보인 것이다. 권력을 누리던 신돈은 문득 이전의 다른 신하들처럼 자신도 왕에 의해 제거될지 모른다는 두려움이 생긴다. 이에 역모 계획을 세우지만 실패하고 사형당하는 운명을 맞는다.

신하들이 그를 배반했던 이유

조일신과 김용, 신돈, 그들에게는 공통점이 있었다. 공민왕의 신임을 받아 막강한 권력을 휘두르다 어느 순간 왕에 의해 제거되었다는 사실이다. 조일신은 기철 일당을 제거하는 데 앞장섰으나 나중에 숙청되었고, 김용은 정세운을 제거했으나 역시 숙청되었으며, 신돈은 갑작스럽게 역모를 일으켰다가 숙청당하는 운명을 맞았다. 이런 패턴들을 보면, 그들이 하나같이 공민왕의 정치를 위해 이용당했다가 나중에 버려졌다는 해석도 충분히 가능하다. 고려 역사 기록인 고려사 곳곳에 "왕이 시기심이 많아 아무리 심복대신이라 해도 권세가 커지면 반드시 처단해 버리고는 했다."는 기록이 그것을 뒷받침한다.

신돈도 공민왕의 그런 점이 두려워 자신이 제거되기 전에 먼저 역모를 꾸몄다. 또 유숙이라는 신하가 있었는데, 공민왕이 자주 자문을 구하고 그 또한 충언을 아끼지 않는 관계였다. 그럼에도 신돈이 그를 모함하자 장형을 때리고 가산을 몰수하는데, 급기야 신돈에 의해 죽임을 당한다. 뛰어난 명장이자 정승으로 이름을 떨치던 유숙도 결국 공민왕의 방조하에 죽음을 피할 수 없었던 것이다. 일설에는 그 이유가 노국대장공주의 장례를 검소하게 치러야 한다고 조언했기 때문이라 한다. 이런 상황이니 신하들 사이에 언제든 공민왕으로부터 내쳐질 수 있다는 불안감이 팽배할 수밖에 없었다.

공민왕은 훌륭한 개혁 정치가였지만, 신하들을 진심으로 믿어 주고 곁을 내주는 리더는 아니었던 것으로 보인다. 적어도 신뢰와 엄정한 상벌로 신하들을 대하지 않았고, 신하들도 군신 관계라는 당위를 넘어서는 존경과 믿음으로 충성하지는 않았다. 공민왕이 아무 의심 없이 온전하게 믿었던 오직 단 한 사람은 부인 노국대장공주였다. 유일하게 믿던 이가 더 이상 세상에 없게 되자 공민왕은 완전히 무너지는 모습을 보인다. 공민왕은 부인 외에는 어떤 신하들도 온전히 신뢰하지 않았다. 김용을 생각하며 눈물 흘렸다지만, 믿을 만한 신하가 없다며 통탄스럽게 여겼다지만, 반대로 그가 신하들에게 제대로 믿음을 심어 주면서 그들의 자발적인 충성심과 존경을 이끌어 내는 리더였는지는 의문이 남는다.

누군가에 대한 믿음은 내 선택에 대한 믿음이다

신뢰는 관계를 시작함과 동시에 그것을 유지하는 조건이다. 사람과 사람 사이에 신뢰 없이 진정으로 연결되는 것은 불가능하다. 세상은 나 혼자 살아가는 곳이 아닐뿐더러 더 크고 중요한 일일수록 혼자 힘으로 해낼 수 있는 일은 거의 없기에, 관계의 형성에 수반되는 믿음은 필수적이다. 다만 그 믿음에는 언제나 리스크가 따른다. 사람이란 존재는 완벽하지 않기 때문에 실망하게 될 가능성도 있고,

큰 배신감에 사로잡힐 가능성도 있다. 결국 믿음은 확신이 아닌 나의 선택이 되어야 한다. 무조건 믿겠다는 것이 아니라, 이 사람을 믿어 보기로 선택하겠다는 것이다. 그리고 그 선택이 최선이라면, 설령 그 결과가 좋지 않더라도 스스로 책임지겠다는 마음을 가져야 한다. 이것은 내 선택을 나 스스로 존중하겠다는 자세이기도 하다.

공민왕은 신하들을 반복적으로 기용하고 숙청하면서, 사실상 자신이 내린 결정의 책임을 끝까지 지지 않았다. 그가 믿기로 선택한 사람들이 잘못된 길로 가는 모습을 보일 때 그 전조 현상을 무시하거나, 혹은 처음부터 감당할 준비도 하지 않다가 단지 그 책임을 숙청이라는 방식으로 정리했을 뿐이다. 그리고 이것이 반복되자 신하들의 신뢰를 잃어 갔고, 급기야 "왕이 시기심이 많아 권세가 커지면 반드시 처단해 버리고는 했다."는 역사적 평가로 이어졌다. 누군가를 믿기로 하고 내 삶의 여정에 함께 하기로 결정하는 것은, 그 사람이 완전해서가 아니다. 그가 실패할 수도 있고, 잘못할 수도 있으며, 실망을 줄 수도 있음을 인정하면서도, 그럼에도 그와 함께하겠다는 의지의 표현이다. 그렇기에 사람을 믿는다는 것은 단지 사람을 선택하는 것을 넘어서, 선택 이후 생길 수 있는 다양한 상황들 속에서도 그 관계를 유지하고 내 선택에 대해 책임지려는 준비가 되어 있는가에 대한 질문이 반드시 전제되어야 한다.

세상에 완벽한 사람은 없다. 그것은 나 또한 마찬가지다. 우리가 찾고 만들어야 할 이상적인 관계는, 다름 아닌 함께 성장할 수 있는 관계이다. 그러기 위해서는 누군가를 믿어야 하고, 그 믿음이 내 선택인 이상 그 결과에 따른 책임 역시 스스로 져야 한다. 고려의 개혁과 자주독립을 꿈꿨던 공민왕의 계획과 비전은 훌륭했다. 다만 아무리 뛰어난 계획과 비전도 결국 사람을 믿고 함께 가는 힘 없이는 오래 지속될 수 없고, 그것이 공민왕 개혁 실패의 중요한 이유 중 하나였음을 부정할 수 없다. 누군가를 믿는다는 것은 나 자신의 선택을 믿는 것과 같다. 그 선택이 때로 성공할 수도 있고 실패할 수도 있겠지만 그 자체를 끝까지 스스로 책임지는 태도, 그것이 곧 사람을 믿는다는 것의 본질이다.

생각해 보기

1. 나는 누군가를 믿을 때, 그 선택에 대한 책임을 스스로 지고 있는가?

2. 과거에 누군가를 믿었다가 상처받은 경험이 현재의 관계에 어떤 영향을 주고 있는가?

3. 나는 내 선택을 존중하며, 그 결과에 대해 후회보다 배움을 얻고 있는가?

공민왕

제3장

삶의 품위를 유지하기 위해

자존심보다 자존감을 가질 것

반석평

> **“**
>
> 나는 자존감이 높은 사람인가, 자존심이 높은 사람인가.
>
> **”**

성명	반석평
생애	1472~1540(조선)
경력	형조판서, 형조참판, 한성부판윤
주요 이력	천민 출신이라는 신분의 굴레를 자존감으로 극복하고 높은 관직까지 올랐으며, 자신의 약점을 숨기지 않고 당당히 드러내는 단단한 내면의 힘을 보여 주었음.

조선판 신데렐라, 반석평

열등감은 늘 비교에서부터 시작된다. 학창 시절 함께 웃고 떠들던 친구가 잘나가는 회사의 임원이 되었다거나, 또는 재테크에 성공해서 큰돈을 벌었다는 얘기가 들려올 때 나는 지금 뭐하나 싶은 생각이 든다. 나름 열심히 살아왔다고 생각했는데, 그 비교가 허무함이 되고 더 나아가 열등감으로 발전한다. 남과 나를 비교하는 심리는 자연스러운 인간의 본성일뿐더러, 특히 경쟁이 치열한 한국 사회에서 더 심하게 발현된다. 예로부터 '사촌이 땅을 사면 배가 아프다'는 말도 있지 않았는가. 이 열등감은 나 자신을 자극해 더 큰 열심으로 이끄는 긍정적 동기 부여가 되기도 하지만, 대부분은 그 끝이 좋지 않다. 열등감은 나를 괴롭히고 심지어 내 마음을 갉아먹기 때문이다.

이럴 때 꼭 가져야 하는 것이 있다. 자존감이다. 우리는 종종 자존감과 비슷하게 생긴 자존심을 내 마음의 방패로 삼지만, 사실 우리에게 정말 필요한 것은 자존감이다. 타인의 평가나 비교가 아닌, 내면 깊은 곳에서부터 나 스스로를 존중할 줄 아는 힘, 자존감 말이다. 어느 정도 사회적 성취의 결과가 드러나기 시작하고, 덩달아 초조함도 생기기 시작하는 40대에 이 자존감을 내 마음의 방패로 갖추는 것은 무엇보다 중요한 일이다. 이것을 갖추는 데 실패하면 나이가 들수록 초조함과 비교의 유혹이 더 커진다. 내 마음에 응급 처치를 하듯 잠깐은 자존심으로 버틸 수 있지만, 이내 마음은 쉽게 흔들릴 것이다. 자존감이 없는 사람은, 작은 실패에도 자신이나 주위 환경을 탓하며 쉽게 무너진다.

자존감에 대해 이야기할 때, 생각나는 조선 시대 인물이 있다. 반석평이다. 조선은 반상의 법도, 즉 신분 질서가 매우 엄격한 나라였다. 천민 출신이 과거 시험에 합격해 사대부의 대열에 들어간 사례는 거의 찾아보기 힘들었다. 그럼에도 그 어려운 일을 해낸 인물이 바로 반석평이다. 조선판 신데렐라라고 할 수도 있지만, 사실 신데렐라보다 훨씬 더 대단하다고 할 수 있다. 어릴 때부터 체계적으로 글공부를 시작한 양반들에게도 매우 어려운 것이 과거 시험인데, 그런 시험을 천민 출신임에도 당당히 합격했을 뿐 아니라 지금의 법무부장관 격인 형조판서까지 올랐기 때문이다. 반석평에게는 어떤 면모가 있었길래, 신분적 굴레를 넘어서서 그처럼 놀라운 인생 역전을 이룰 수 있었을까? 어떻게 자존감을 인생의 무기로 삼을 수 있었을까? 인생의 방향을 다시 점검해 봐야 할 40대에 이른 지금, 그의 삶을 통해 배울 점을 생각해 보자.

천민 출신에서 벗어나다

〈중종실록〉에서는 반석평이 천얼(賤孽) 출신이었다고 기록하고 있다. 즉 아버지는 양반이었지만 어머니는 노비 출신의 첩인 천민 신분이었고, 어머니 신분을 따르는 종모법에 따라 반석평도 천민의 신분이 되었다. 야사인 〈어우야담〉에 따르면, 그는 어릴 적 재상가 집에서 부리는 머슴, 즉 노비였다고 한다. 평생 누군가의 종으로 살다 아무 이름도 남기지 못한 채 세상을 떠날 수도 있었지만, 그는 자신의 운명을 바꿀 기회를 얻는다. 자신의 재능과 실력을 알아봐 준 재상 집의 노비였기 때문이다. 그 재상은 성품이 바르고 영특한 반석평을 무척 아껴서 자신의 아들과 함께 글을 배우는 것을 허락한다. 그리고 양반가 입양을 주선해 주는 매우 큰 도움을 주었다. 신분이라는 편견에 사로잡히지 않고 사람됨 그 자체를 보고 노비에서 해방시켜 준 그 재상의 깊은 배려 덕분에 반석평은 천민의 굴레에서 벗어날 수 있었다. 그 고마움을 잊지 않고 열심히 글공부에 매진한 그는 마침내 과거 합격이라는 큰 명예를 누리는 데 성공한다.

천민 출신임을 밝히다

벼슬길을 시작한 반석평은 뛰어난 실력으로 승승장구하며 출세가도를 달린다. 그러던 중 천민이던 과거가 밝혀지는 사건이 일어난다. 다른 누군가에 의해서가 아니라, 그 스스로 말이다. 어엿한 고위 관리가 되어 가마를 타고 길을 가던 반석평은 우연히 낯익은 얼굴과

반석평

마주친다. 바로 어린 시절 머슴으로 일했던 재상집의 아들이었다. 재상이 세상을 떠난 뒤 가문은 몰락해 버렸고 그 아들은 매우 가난하게 살아가고 있었다. 그를 본 반석평은 곧장 가마에서 내려와 길 위에 엎드려 그 앞에 절한다. 지체 높은 대감이 거지꼴을 한 사람에게 절하는 광경을 괴상하게 여기는 시선에도 아랑곳하지 않고서 말이다. 반석평의 과거는 이렇게 밝혀지게 되었다.

대궐로 들어간 반석평은 임금에게 글을 올린다. 자신이 원래 천민 신분이었음에도 불구하고 과거에 응시해 합격하고 벼슬까지 했으니 그 죄를 물어 관작을 삭탈해 달라고 말이다. 그 대신 가난하게 생계를 이어 가는 주인집 아들에게 벼슬을 내려 달라는 청을 올린다. 어쩌면 정말로 벌을 받게 되거나, 그의 앞길이 영영 막힐 것을 각오하고 올린 글이었을 것이다. 지금의 관점으로 보면 자신의 인생을 건 도박처럼 비칠 수 있지만, 이렇게 '커밍아웃'을 감행한 반석평의 그 마음은 정말 진심이지 않았을까 싶다. 그런데 놀라운 반전이 일어난다. 왕은 반석평에게 벌을 내리지 않았을 뿐만 아니라, 오히려 그의 행동이 의롭다고 칭찬해 주었다. 또 그가 청했던 대로 주인집 아들에게 '사옹원 별좌'라는 작은 벼슬을 내린다. 이후로 반석평은 계속해서 관직 생활을 이어 가며, 많은 업적을 남겼다.

자존심보다 자존감이다

내가 만약 반석평이었다면 어떤 선택을 내렸을까? 보통의 사람이라면 그런 용기를 내기가 참 쉽지 않았을 것이다. 천민 출신이라는 편견이 씌워지고 지금까지 이룬 모든 노력까지 물거품이 될 수도 있기 때문이다. 그럼에도 그는 그 주인집 아들을 외면하지 않았다. 반석평은 은혜에 대해 아는 사람이었고, 고마운 것을 고맙다고 말할 줄 아는 사람이었다. 반석평의 내면을 이처럼 단단하게 만들어 준 것은 바로 그의 자존감 덕분이지 않았을까. 자존감과 자존심이라는 두 단어가 있다. 국어사전을 보면, 자존심은 '남에게 굽히지 아니하고 자신의 품위를 스스로 지키는 마음'이고, 자존감은 '스스로 품위를 지키고 자기를 존중하는 마음'을 뜻한다. '스스로 자(自)'와 '높을 존(尊)'이란 한자가 들어간다는 점에서 두 단어 모두 스스로 높인다는 뜻이 있지만, 한 가지 결정적인 차이가 있다. 자존심에는 '남에게 굽히지 않고'라는 전제가 있는 것이다. 즉 자존심은 남과 비교해 자신을 높이는 것이고, 자존감은 그런 비교 없이도 자신을 있는 그대로 존중한다는 의미가 담겨 있다.

반석평은 자존심이 아닌 자존감이 있는 사람이었다. 그는 세상이 제멋대로 정해 놓은 기준인 신분으로 자신을 평가하지 않았다. 만약 그런 사람이었다면, 노비였을 때 자신과 양반의 삶을 비교하며 한탄만 하며 살았을지 모른다. 또 고위직에 오른 자신과 거지꼴이 된 주인집 아들을 비교하며 우쭐거렸을 것이다. 하지만 반석평은 자신의 과거를 부끄럽게 여기지도 않았고, 현재의 자신을 남과 비교하며 자만하지도 않았다. 그런 것들과 상관없이 자기 자신을 소중히 여길 줄 알았다. 그랬기에 자신의 과거가 알려지는 것에도 아랑곳없이 주인집 아들에게 은혜를 갚았던 것이다.

나 스스로를 비교하는 질문을 던지자

40대는 사회적으로도, 관계에 있어서도 어느 정도 자리를 잡았지만 동시에 불안감과 초조함도 점점 커져만 간다. 많은 관계가 누적되는 만큼, 그들과 나 자신에 대한 무의식적인 비교도 계속된다. 누구는 나보다 잘나가는 것 같아서 초조하고, 또 다른 누구보다는 내가 좀 더 나은 것 같아서 안도의 한숨을 쉬는 의미 없는 비교가 반복된다. 타인보다 우월하고 싶은 욕망은 한이 없고, 그 욕망에 나를 끊임없이 몰아넣다 보면 결국 소진될 수밖에 없다. 40대에 번아웃이 많은 중요한 이유 가운데 하나는 여기에 있다. 이제 스스로 갉아먹는 비교는 그만두고, 다른 비교를 해 보는 것이 더 건설적인 대안이다. 오늘의 나는 어제보다 더 성장했는가? 내일의 나는 오늘보다 더 나아질 것인가? 나 스스로를 비교하는 질문으로 대신해야 한다. 남보다 나은 내가 아니라, 어제의 나보다 더 나은 나를 보며 위로와 힘을 얻는 것, 이것이야말로 나의 내면을 단단히 지탱해 주는 자존감이다. 타인의 시선과 비교에 휘둘리지 않고도, 스스로를 존중할 수 있는 힘 말이다.

나는 자존감이 높은 사람인가, 자존심이 높은 사람인가. 자존감이 높은 사람은 그 무엇과도 비교하지 않고도 스스로를 존중하기에, 타인의 평가나 시선에도 함부로 휘둘리지 않는다. 마치 반석평이 신분을 잣대로 바라보는 사람들의 시선에 휘둘리지 않고, 자신이 옳다고 믿는 행동을 하기 위해 자신의 과거를 당당히 드러냈던 것처럼 말이다. 40대의 삶을 살아가는 지금, 반석평처럼 자존심보다 자존감이 강한 사람이 되기를 소망한다.

생각해 보기

1. 나는 지금 자존심으로 버티고 있는가, 자존감이 나를 떠받치고 있는가?

2. 남과 비교하며 스스로를 초라하게 느낀 적이 있다면, 그 감정은 어디서 비롯된 것일까?

3. 누군가에게 받은 도움을 진심으로 감사히 여기고 표현하거나, 갚은 적이 있는가?

반석평

익숙함을 버릴 것

김선치

> "
> 지금까지의 나를 의심하는 것에서 새로운 길이 시작된다는 사실을 기억하자.
> "

성명	김선치
생애	1318~1398 (고려)
경력	이부시랑, 호부낭중, 동지밀직
주요 이력	가장 기본적인 전술 상식을 뒤엎는 아이디어를 제시하여, 고려를 위협하던 홍건적을 격퇴하는데 크게 기여함.

익숙함을 주의하라

40대에 이르는 삶 동안 다양한 시행착오를 겪고, 그 성공과 실패의 경험 속에서 나름의 생존 방식을 체득하게 된다. 초창기의 어리숙함은 점차 사라지고, 일하며 쌓은 경험과 노하우는 곧 내가 일하는 방식이 된다. 이 '경험과 노하우'는 많은 도움을 주지만, '고정관념과 편견'이라는 이름을 동시에 갖기도 한다. 그런 익숙함이 때로는 빠른 혁신과 변화를 가로막아 제때 적응하지 못하도록 만든다. 특히 모든 것이 엄청나게 빠른 속도로 변하는 지금 시대에는 더욱 그렇다. 과거의 큰 성공 경험이 있었더라도, 그것을 절대시하고 맹신하는 것은 현재의 큰 실패로 이어질 수 있음을 깨달아야 한다. 그렇기에 내 주위를 둘러싼 환경이 어떻게 변화하고 있는지 늘 관심 있게 지켜보고 그러한 변화상을 적극 수용하는 자세는 나의 생존을 위해서도 꼭 필요한 일이다. 역사 속에 기존의 편견을 버리고 과감한 발상의 전환으로 큰 성공을 거두었던 한 인물이 있었다. 고려 시대 홍건적의 침입을 막아 내는 데 큰 역할을 했던 김선치 장군이다.

식량을 넘겨주어야 합니다

원나라의 내정 간섭으로부터 고려의 자주권 회복을 꿈꾸던 공민

김선치

왕은 지속적인 개혁 정책을 시행했지만, 당시 고려가 직면했던 대내 외적인 상황이 그리 녹록지만은 않았다. 특히 국경 바깥에서의 지속 적인 침략은 그를 더 곤란하게 만들었다. 남쪽 왜구만으로도 골치가 아픈 차에 북쪽에서도 큰 위기가 발생한다. 당시 중국의 지배자 원 나라를 타도하려는 반란 세력이 많이 일어나는데, 그중에서도 한족 백련교[37] 신도들을 중심으로 한 홍건적의 세력이 강성했다. 중국 후 한말에 노란 두건을 쓴 반란군 세력을 황건적이라 불렀던 것과 비슷 하게, 그들은 머리에 붉은 두건을 써서 홍건적이라 불렀다. 그들은 한때 원나라 제2수도인 상도를 점령하기도 했지만, 다시 반격에 밀 려서 고립되는 처지가 된다. 원나라 군사의 추격에 쫓긴 일부 홍건 적은 급기야 고려 국경을 넘어 쳐들어온다.

홍건적이 갑작스럽게 침입해 오자 고려 조정은 긴급히 방어군을 편성하지만, 아직 병력이 충분하지 못한 상태였다. 용감한 장수들이 분전을 펼치며 일진일퇴의 공방을 벌였음에도 결국 개경 북쪽의 핵 심 방어요충지인 서경성을 포위당하고 만다. 밀려드는 홍건적을 도 저히 당해 낼 수 없는 일촉즉발의 상황에 이르자 군사령관 도원수 이엄은 장수들에게 이대로는 서경을 방어하는 것이 불가능하니, 일 단 성을 포기하고 물러났다가 부대 전열을 가다듬고 반격하여 격퇴 하자고 말한다. 또 성안에 비축해 놓은 식량과 자원을 적들에게 넘

37　불교와 도교가 혼합된 중국의 밀교.

겨줄 수 없다는 판단하에 식량 창고를 비롯해 성안을 모두 불태우라고 작전 지시를 내린다.

고려군의 전통적인 전술은 '청야전술(淸野戰術)'이라 불리는 작전이었다. 적군 진격로에서 적이 사용할 만한 모든 군수물자와 식량 등을 소각하여 활용하지 못하도록 만드는 전술이다. 예나 지금이나 전쟁의 결정적 성패는 보급에 달려 있다. 식량을 현지에서 빼앗아 조달하는 것도 보급의 중요한 방법 중 하나인데, 그것을 원천적으로 차단하는 전술이다. 고구려의 전설적인 명장 을지문덕 장군이 살수대첩으로 수나라의 대군을 물리칠 때 사용했을 만큼, 이미 오래전부터 그 탁월한 효과가 검증되어 고려의 핵심 전술로도 사용되어 왔다. 이엄이 청야전술 작전 실행으로 모든 식량을 불태우라고 한 것은 당시 너무나 당연한 군사 상식이었던 셈이다. 그런데 이때 과감히 반대 의견을 내는 장수가 있었으니, 그가 바로 김선치였다.

김선치는 군량을 불태우지 말고 오히려 적들에게 넘겨주어야 한다고 주장한다. 식량을 모두 없애면 굶주린 적군이 더 깊숙이 침범해 내려올 것이라는 게 그 근거였다. 이 급박한 상황에 김선치가 비상식적인 주장을 한다고 여긴 이엄은 크게 역정을 낸다. 하지만 그 말을 들은 다른 장군들도 김선치의 말에 일리가 있다며 거들자, 결국 그의 계책을 따르기로 한다. 김선치가 그런 주장을 펼친 근거는 무엇이었을까?

발상의 전환으로 대승리를 거두다

홍건적은 일반적인 정규군이 아니었다. 그들은 별다른 지원을 받지 못하는 반란군이었고, 심지어 가족까지 동반하고 있었다. 더욱이 그들은 고려 침공 자체가 목적이 아니었다. 장거리를 원나라 군사에 쫓기다 국경을 넘은 것이었기에 무척 굶주리고 지친 처지였다. 만약 이 상황에서 식량을 모두 불태우면, 홍건적은 식량을 구하기 위해 또다시 죽기 살기로 더 깊숙이 쳐들어올 것이 뻔했다. 싸우다 죽으나 굶어 죽으나 매한가지니까 말이다. 아니나 다를까 서경성을 점령한 홍건적은 고려군이 남기고 간 식량을 얻자 진군을 멈추고 더 이상 내려오지 않는다. 그러는 사이 고려는 충분한 시간을 벌 수 있었고, 군사를 모아 전열을 재정비한다. 그리고 고려군은 대대적인 반격에 나서 마침내 홍건적을 압록강 너머로 격퇴시키는 데 성공한다. 서경에서 수천 명, 함종에서 2만 명을 베었고, 도망가다가 강물에 빠져 죽은 적들도 수천 명에 이르렀다고 전해진다. 홍건적의 난을 성공적으로 진압한 것이다. 김선치는 1등 공신으로 책봉되었고, 이부시랑(吏部侍郞)[38]이라는 벼슬도 받는다. 기존의 성공방정식으로 불리던 고정관념을 버리고 과감한 발상의 전환으로 대승리를 이끄는 데

---

[38] 고려 시대 문관의 임용, 훈봉, 인사 고과, 정무 등의 업무를 담당한 기관인 이부의 차관급 벼슬.

기여한 공을 인정한 결과였다.

'일잘러'가 일하는 방식

회사에서만 봐도 예전의 일하는 방식을 그대로 답습하는 경우가 많다. 사실 그 자체를 꼭 나쁘게만 볼 일은 아니다. 이미 예전에 검증된 방식이기에 굳이 시행착오를 겪지 않고 빠르게 일을 끝낼 수 있는 효율적인 방법이기 때문이다. 그 정도로만 해도 크게 탓할 사람은 없을 것이다. 만약 이엄이 전통적인 청야전술에 따라 군량을 모두 불태우고 후퇴했다가 결과가 좋지 못했더라도 이를 두고 크게 비난받지는 않았을 것이다. 기존의 상식에 부합해서 작전을 펼쳤기 때문이다. 다만 비난은 안 받았을지 몰라도, 고려는 더 큰 위기에 봉착했을 것은 분명하다. 당장의 비난은 피해도 실패할 확률이 높은 방법과 당장의 위험은 감수하더라도 성공할 확률이 높은 방법 중 무엇을 선택해야 할까. 이성적으로는 당연히 후자를 택해야 하겠지만, 많은 사람들이 전자를 택한다. 이 결정을 위해서는 대담한 용기가 필요하기 때문이다. 편견을 버리고, 고정관념을 버리고, 기존 성공 방정식을 버리고 새로운 방식으로 과감하게 결단하는 것은 그래서 쉬운 일이 아니다. 다시 한번 말하지만 용기가 필요하기 때문이다. 물론 그 용기는 아무 근거 없이, 아무 때나 발동되어서는 안 된다. 김선

김선치

치가 홍건적이 일반적인 정규군이 아니라는 점을 정확히 파악한 전략을 낸 것처럼, 내 주위의 환경과 배경, 상황을 정확히 파악하는 노력이 선행되어야 한다. 그러한 근거가 있을 때 진정한 용기를 낼 수 있다. 이것이 없는 용기는 그저 만용일 뿐이다.

지금껏 해 왔던 대로 기계적으로 생각하는 것을 멈추고, 무엇이 더 나은 방식인지 고민하는 과정에는 당연히 시간과 노력이 필요하다. 하지만 그것을 기꺼이 투자할 줄 아는 사람이 더 성장하고, 오랫동안 살아남는다. '지금도 이것이 여전히 최선의 방식인가?'를 스스로 질문하고 답할 줄 아는 사람 말이다. 익숙한 답을 벗어나, 현실을 새롭게 보는 사람만이 위기를 기회로 바꿀 수 있다.

40대는 내 인생과 커리어의 중반부를 지나는 시기다. 이제야 좀 일에 익숙해져서 후배들을 이끄는 자리에 오르고, 또 대외적으로도 왕성한 활동을 하고 있지만 한편으론 더 이상 '예전처럼 빠르게 성장할 수 있는 단계'가 아니라는 위기감도 동시에 찾아온다. 이 시점에서 다시 한 발자국 앞으로 나아가고 싶다면 지금까지 내가 살아왔던, 또 일해 왔던 방식에 한 번쯤이라도 의문을 가져 보는 것이 필요하다. '나는 지금 이 일을 왜 하고 있는가?', '나는 왜 이 방향으로 나아가고 있는가?'와 같은 질문들을 스스로에게 던져 보는 것이다. 이러한 질문들이 새로운 길로 가는 문을 여는 열쇠다. 그 어떤 '발상의 전환'도 하루아침에 나오지 않는다. 김선치도 아마 수많은 전투와 학습을 통해 그처럼 넓은 시야를 얻게 되었을 것이다. 우리에게도 그 것이 필요하다. '왜?'를 묻는 습관, 변화를 두려워하지 않는 마음, 기본기를 쌓는 꾸준함 같은 것들 말이다. 지금까지의 나를 의심하는 것에서 새로운 길이 시작된다는 사실을 기억하자. 그리고 그것이 곧 나를 부정하는 일은 아니라는 사실 또한 기억하자. 그것은 오히려 더 나은 삶을 만들기 위한 용기 있는 출발이다.

생각해 보기

1. 지금까지의 경험에 안주하며, 변화가 필요한 상황에도 예전 방식을 고수하지는 않는가?
2. '당연하다고 여긴 방식' 때문에 오히려 해결이 어려웠던 문제는 없었는가?
3. 누군가 나와 다른 방식이나 새로운 아이디어를 제시했을 때, 나는 얼마나 열린 자세로 그 의견을 받아들이는가?

김선치

너그럽게 포용할 것

왕건

> "
>
> 신뢰라는 자산을 차곡차곡
> 쌓을 수 있는 좋은 방법이다.
>
> "

성명	왕건(태조)
생애	877~943(고려)
경력	고려 제1대 국왕
주요 이력	상대를 배척하기보다 포용하고 존중하는 태도로 신라의 지배층과 백성들의 마음을 얻었으며, 그 결과 후삼국 통일을 이끌어 낸 통합형 리더였음.

포용이 필요한 이유

인생의 중년기에 접어든 40대가 되면, 삶 속에서 '도전'이라는 단어의 비중은 점점 작아지기 마련이다. '고생은 사서도 한다'거나 '경험은 돈으로도 못 산다'는 말은 이제 사치스럽다. 사회와 가정의 책임이 무거워지면서 도전보다 안정을 택하게 되고, 그만큼 인내도 늘어난다. 웬만한 마음의 상처는 그저 참으면서 견디다 보니 어느새 내 마음은 점점 굳은살로 뒤덮이고, 타인과의 관계도 딱딱해져 간다. '누구나 다 그러고 살아, 너만 유별나게 왜 그래?', '다 힘들어. 너만 힘들어?'라는 말을 쉽게 내뱉으며, 내 상처에 무덤덤해진 만큼 타인에 대해서도 무덤덤해진다. 그렇게 우리는 나이가 들수록 점차 너그러움을 잃어 가고, 타인에 대한 포용도 잃어 간다. 내 앞으로 차선을 바꾸려고 깜빡이를 켜는 차를 보면 오히려 속도를 더 높이듯 말이다.

사회 양극화와 경쟁이 더 치열해질수록 관대한 마음을 갖기 더 어려워지는 것은 어쩌면 자연스러운 일이다. 눈 뜨고 코 베일 수 있다는 불신 속에 어설픈 호의가 되레 큰 손해로 이어질까 걱정된다. 하지만 이것은 장기 투자와도 비슷한 것이어서 좀 더 긴 호흡으로 바라볼 필요가 있다. 어떤 손해도 보지 않겠다는 집착을 넘어 좀 더 관대한 마음을 가질 때 결국 더 큰 이익으로 돌아온다. 고려의 창시자 태조 왕건이 후삼국 통일의 패자로 우뚝 설 수 있었던 가장 강력한 무기가 바로 관대함과 포용이었던 것처럼 말이다.

　후삼국 시대가 시작되었을 때 가장 먼저 두각을 드러낸 인물은 견훤이었다. 후백제를 건국한 그는 기름진 호남평야를 기반으로 막강한 경제력과 군사력을 키워 신라를 강하게 압박했다. 견훤보다 출발은 다소 늦었지만 후고구려를 세우고 가장 넓은 영토를 차지했던 궁예도 강력한 경쟁자였다. 하지만 마침내 후삼국을 통일한 사람은 견훤도, 궁예도 아닌 왕건이었다. 왕건은 원래 해상무역으로 성장한 호족 출신으로서 궁예 밑으로 들어간 부하 장수였다. 이후 출전하는 전투마다 승리를 거두며 궁예의 강한 신임을 얻었고, 수군을 이끌고 후백제의 뒷마당인 금성(지금의 나주 지역)을 점령하는 대단한 공적을 올리기도 했다. 어쨌든 왕건은 궁예의 부하장수였기에 삼한통일의 주인공이 될 가능성이 더 높았던 인물은 왕건이 아닌 그의 주군 궁예였다. 그럼에도 왕건이 궁예를 제치고 승자가 될 수 있었던 결정적인 차이가 있었으니, 그것은 바로 '포용'이었다.

궁예의 몰락

　궁예는 원래 신라왕과 후궁 사이에 태어난 왕족 출신이었던 것으로 전해진다. 하지만 그의 탄생이 나라에 불길하다는 말을 들은 왕은 어린 궁예를 죽이려 했다. 왕이 보낸 사자가 갓난아기인 그를 죽이려고 다락 아래로 던졌는데 유모가 밑에서 받아 목숨을 건질 수 있었고, 이때 손가락에 찔리는 바람에 한쪽 눈이 멀게 되었다고 한다. 이런 탄생 배경 때문이었는지 궁예는 신라를 매우 증오했다. 궁예의 세력이 커지자 신라 장수가 궁예에게 항복해 온 일이 있었는데 궁예는 그를 그냥 죽여 버린다. 자신에게 항복한 장수를 그저 신라 출신이라는 이유로 죽였을 뿐만 아니라, 신라 수도인 서라벌을 멸망한 수도라는 뜻으로 '멸도(滅都)'라고 부르도록 할 만큼 신라에 대한 궁예의 적개심과 증오는 매우 강렬했다.

포용 없이 그저 독단적이었던 궁예의 모습은 신라에 대한 외교뿐만 아니라, 내정에서도 극명히 드러난다. 자신의 심기에 불편한 신하들을 함부로 죽여 버리는 극단적인 공포정치를 보이는 한편, 스스로 미륵불이라 자칭하며 불경을 짓고 강설한다. 이것은 정통 불교 관점에서 완전히 이단과 같은 행동이었다. 승려 석총이 이를 반대하고 나서자, 궁예는 그를 철퇴로 때려죽이는 만행을 저지른다. 공포에 사로잡힌 신하들이 모두 입을 다무는 상황이 되자 부인 강씨가 그의 폭정을 말렸다. 그러자 궁예는 부인이 간통했다는 누명을 씌우며 잔인하게 죽여 버렸고, 왕비가 낳은 두 아들까지도 죽이고 만다. 스스로 미륵관심법을 통해 역심을 품은 이들의 마음을 들여다볼 수 있다며 누구라도 가차 없이 죽여 버리는 공포정치는 날이 갈수록 더 심해진다. 물론 이것은 궁예가 완전히 미쳐서 그랬던 것은 아니다. 지방 호족들과의 느슨한 연합으로 이뤄진 정권이었기에, 궁예는 그들을 견제할 필요가 있었다. 다만 그들을 포용하고 끌어안는 방식은 배제하고, 오로지 겁박하고 강제로 굴복시켜 찍어누르기만 한 것이 문제였다.

궁예의 미륵관심법은 2인자였던 왕건에게도 향한다. 왕건이 반역을 도모했다며 추궁하지만, 왕건은 순간적인 기지로 위기를 모면한다. 자발적인 충성심을 이끌어 내는 방법이 아니라 위협 일변도로 충성을 강요하는 궁예의 처세는 오히려 왕건을 비롯한 신하들을 불안하게 만들었고, 급기야 정말로 역모가 일어나는 계기가 되고 말았다. 왕건은 그의 최측근 장수인 홍유, 배현경, 신숭겸, 복지겸의 옹위를 받아 군사를 일으킨다. 왕건이 반란군을 일으켰다는 소식이 퍼지자 삽시간에 1만 명의 병사들이 그 밑으로 모였고, 이미 대세가 기울어졌음을 깨달은 궁예는 몰래 궁성을 빠져나와 도망쳤다가 분노한 농민들에 의해 참혹한 죽음을 맞는다. 한때 천하를 호령하며 스스로 미륵불이라 자처하던 영웅의 초라한 최후였다.

신라가 항복해 오다

고려 왕조를 선포하고 왕위에 오른 왕건의 다음 경쟁자는 견훤이었다. 견훤이 신라 수도 서라벌로 향하는 교통 요지 대야성을 빼앗자 위협을 느낀 신라왕이 고려에 응원군을 청한다. 신라에 원한이 깊었던 궁예는 시종일관 신라를 적대시했지만, 왕건은 반대로 포용하고 손을 맞잡는 정책을 폈다. 신라는 이때 이미 망한 것이나 다름없었고 결국 최후의 승자는 고려나 후백제가 될 가능성이 높았다. 캐스팅보드 역할을 할 수 있는 신라를 우군으로 삼는 전략을 취한 것이다. 고려가 신라와 손잡았다는 소식이 전해지자, 고려와 국경을 접한 신라 호족들도 하나둘 고려 쪽으로 돌아선다. 서라벌과 가까운 지역인 고울부의 장군이 왕건에게 항복해 오자, 신라왕의 마음이 불편할 수 있으니 나중을 기약하고 일단 돌아가 있으라고 요청하는 일도 있었다. 왕건의 관대한 대응이 자연스럽게 신라 백성들의 마음을 얻는 계기가 된 것이다.

왕건과 달리 견훤은 궁예처럼 신라에 매우 적대적이었다. 서라벌을 급습한 견훤은 신라왕을 죽이고 왕비를 겁탈하는 만행까지 저지른다. 다만 천년왕국 신라를 직접 멸망시키는 것은 견훤에게도 큰 부담이었기에 경순왕을 다음 왕으로 세우고 철군한다. 이렇게 신라를 힘으로 눌러놓으면 자기 뜻대로 통제할 수 있으리라 믿은 것이다. 하지만 이런 견훤의 의도와는 달리 경순왕은 오히려 엄청난 원한으로 복수심에 불타올랐다. 신라 민심은 지배층부터 일반 백성들까지 완전히 고려로 기울어졌고, 결국 신라 경순왕은 고려에 항복하기로 결심한다. 국력은 쇠약해졌지만 여전히 정통성이 있었던 신라의 항복은 통일전쟁의 주도권이 왕건에게 완전히 기울어졌음을 보여 주는 사건이었다. 신라를 적대하며 강하게 압박하기만 했던 궁예나 견훤과 달리, 신라에 대한 관용 정책으로 신뢰와 그 마음을 얻은 왕건이 결국 삼한통일의 깃발을 올린 것이다. 후백제 내부에서는 후계 문제로 내분이 일어나면서 견훤이 장남인 신검에 의해 절에 갇히는 사건이 벌어진다. 탈출한 견훤이 왕건에게 귀순하면서 후백제도 이미 망한 상태나 다름없었다. 결국 후백제도 고려에 항복하면서 왕건은 한반도의 새로운 주인으로 등극한다.

포용을 통해 인생의 자산을 쌓는다

궁예와 견훤은 국력이 다한 신라를 그저 무시하고 적대했지만, 왕건은 그러지 않았다. 왕건은 신라를 포용하며 후대했고, 그 결과 신라의 지배층과 백성들의 마음을 얻는 데 성공했다. 그가 후삼국 통일의 주인공이 될 수 있었던 중요한 이유다. 어찌 보면 가장 힘이 없고 더 이상 변수가 되지 않겠다 여겨졌던 신라가 결정적인 도움이 된 것이나 마찬가지였던 것이다.

우리 인생에서도 마찬가지다. 결국, 관대함과 포용은 단순한 미덕이 아니라 관계를 지탱하고 내 인생을 성공으로 이끄는 핵심 요소다. 왕건이 신라를 품었듯이 내 주변의 사람을 포용할 때 비로소 더 큰 그림을 그릴 수 있다. 그리고 그들의 신뢰에 기반한 도움을 받을 수 있어야 한다. 회사의 팀장이라면 팀원들을 품음으로써 그들의 도움을 받을 수 있어야 하고, 가정에서는 배우자의 도움을 서로 받으며 작은 일이라도 함께 어려움을 헤쳐 나가야 한다. 직장에서의 관계든, 가정에서의 부부 관계든 서로를 존중하고 포용하는 마음을 가질 때 더 오래 건강하게 지속될 수 있다.

포용하고 양보하는 것이 때로 손해 보는 것처럼 보여도, 그 너머에 신뢰라는 자산을 차곡차곡 쌓을 수 있는 좋은 방법이다. 이 자산이 반석처럼 단단하게 쌓이면, 비가 오고 홍수가 나더라도 쉽게 무너지지 않는다. 인생의 성취를 이루고 관계를 지속해 나가는 내면의 힘은 능력의 크기 못지않게 마음의 너비에 달려 있다.

생각해 보기

1. 견훤처럼 힘이나 지위로 설득하는 것과 왕건처럼 상대를 포용하고자 노력하며 설득하는 것은 그 과정과 결과가 어떻게 다를까?

2. 내 주위의 관대한 태도 덕분에 예상치 못한 큰 성과나 도움을 얻었던 경험이 있는가?

3. 지금 내 삶에서 포용이 필요한 대상은 누구이며, 그 이유는 무엇인가?

왕건

실수를 인정할 줄 알 것

> " 내 실수를 솔직하게 인정한다는 것은 곧 나의 판단에 대해 책임지겠다는 표현이다. "

성명	권율
생애	1537~1599 (조선)
경력	도원수, 광주목사, 의주목사
주요 이력	행주대첩 과정에서 있었던 자신의 실수를 솔직하게 인정하고, 그 실수 이후에 보여 준 겸손과 공정함으로 더욱 큰 신뢰를 얻었음.

실수를 인정하기 어려운 이유

나이가 들수록 실수를 인정하는 일이 점점 더 어려워진다는 것을 느낀다. 사회 초년생인 20대에는 모르는 것투성이니까 성장을 위한 과정으로 실수가 오히려 격려받는 시절도 있었고, 30대에도 아직 배워 가는 중이라는 약간의 핑계도 가능했다. 하지만 40대에 이르면 더 이상 그런 핑계들이 통용되지 않는다. 어느 정도 경험도 쌓았고, 사회나 조직에서 누군가를 이끌어야 하는 위치에 있는 경우가 많다. 그런 만큼 실수는 곧 무능으로 비칠까 두렵기도 하고, 내 판단이 틀렸다고 보이는 순간 나에 대한 신뢰도 함께 무너질 것 같기도 하다.

이런 마음이 드는 것은 자연스러운 일이다. 누구나 인정받고 싶고, 여전히 유능해 보이고 싶은 나이니까 말이다. 간혹 실수를 저지르더라도 그것을 있는 그대로 인정하기보다 내 잘못이 아니라고. 부정하고 싶은 마음이 더 크기 마련이다. 많은 어려움을 견뎌야 했던 누군가에게는 지금껏 나를 버티게 하고, 또 나를 여기까지 끌고 온 방식일지도 모른다. 하지만 나의 실수를 외면하거나 분명하게 드러난 나의 잘못을 끝까지 부정하려는 태도는 결국 나 자신에게도 좋지 못한 영향을 미친다. 내가 더 성장할 수 있는 가능성을 차단할 뿐만 아니라, 내 주변과의 관계를 경직되게 만들기도 한다. 인생은 실수를 전혀 하지 않음으로써 더 완벽해지는 것이 아니라, 오히려 실수를 인정함으로써 더 완벽해질 수 있다는 사실을 기억해야 한다. 임진왜란 명장으로 알려진 권율의 이야기는 실수를 인정할 줄 아는 태도의 중요함을 일깨워 준다.

행주대첩 뒤에는 권율의 실수가 있었다?

임진왜란에서 가장 큰 승리를 거둔 3대 대첩으로 이순신의 한산도대첩과 김시민의 진주대첩, 그리고 권율의 행주대첩을 꼽는다. 전쟁이 발발한 지 불과 20일 만에 수도 한양을 빼앗긴 조선은 얼마 지나지 않아 또다시 평양성까지 점령당하며 큰 수세에 몰리는 처지가 되고 말았다. 이때 조선을 구원하기 위해 달려온 명나라군이 평양성 수복에 성공하지만, 얼마 후 벽제관 전투에서 패배하며 사기가 크게 떨어졌다. 그런데 이처럼 불리하게 흐르던 전황을 극적으로 반전시킨 전투가 바로 권율 장군의 행주대첩이었다. 이 승리를 계기로 조선은 다시 한양을 되찾았을 뿐만 아니라 임진왜란의 흐름을 바꾸어 버릴 만큼 매우 의미가 큰 전투였다. 그런데 이 행주대첩의 빛나는 승리 뒤에는 사실 총사령관이었던 권율 장군의 실수가 있었다.

권율의 실수를 조경이 만회하다

한양에 이어 평양까지 점령하며 파죽지세로 북상하던 일본군의 진격을 멈추게 만드는 상황이 전개된다. 이순신 장군이 이끄는 조선 수군의 활약 덕분에 일본 수군을 통한 보급로가 막혀 버린 것이다. 일본군은 대표적인 곡창 지대인 호남을 점령해 군량을 공급하려는 병참기지화 계획을 세우지만, 권율이 이치전투 승리로 일본군의 호남 진출을 저지하면서 그 계획이 틀어진다. 권율은 그 기세를 몰아 독성산성 전투에서도 일본군을 격퇴하는 전과를 올리고, 거침없이 북상하여 한양에서 그리 멀지 않은 행주산성에 주둔하였다. 드디어 조선의 수도 한양 수복이 눈앞까지 온 것이다.

행주산성은 경기도 고양시 덕양구에 있는 덕양산 꼭대기에 있는 산성이다. 그리 높지는 않지만 경사가 꽤 급하고 뒤쪽에는 절벽 아래 한강이 흐르고 있어서 방어에 유리한 요새다. 그런데 앞서 언급했듯이 벽제관 전투에서 명나라군이 일본군에 패배를 당하면서, 명나라군과의 연합 작전으로 한양을 수복하려던 계획이 틀어지고 만다. 오히려 권율이 이끄는 조선군이 행주산성이 고립되어 버리는 상황에 몰린 것이다. 한양 바로 옆에서 눈엣가시처럼 주둔하고 있는 조선군을 일본군이 가만히 내버려 둘리 없었다. 겨우 2,300명의 군사로 지키고 있던 행주산성을 향해 일본군 3만 명이 총공격에 나선다.

하지만 행주산성도 만반의 준비를 마쳐 놓은 상태였다. 우선 급경사로 이루어진 산 능선에 이중, 삼중으로 목책을 세우고 참호를 파서 방어선을 구축했다. 거기에 목책에 진흙까지 발라서 화공을 당하더라도 쉽사리 불에 타지 않도록 준비해 둔다. 이 목책은 실제 전투가 일어났을 때 대단한 위력을 발휘하며 일본군의 총공세를 저지하는 데 큰 역할을 한다.

그런데 이렇게 단단한 방어선을 미리 구축해 놓을 수 있었던 것은 총사령관이었던 권율의 지시로 인한 것이 아니었다. 권율이 부하들에게 내린 지시는 계속된 강행군으로 군사들이 지쳐 있던 상황임을 배려해 충분한 휴식을 취하라는 것이었다. 하지만 그의 휘하 장수였던 조경의 생각은 달랐다. 행주산성 자체의 방어력은 뛰어났지만, 목책과 참호로 방어선을 더욱 견고하게 준비해 놓지 않으면 압도적 다수의 일본군 공세를 효과적으로 막아 낼 수 없을 것이라 판단한 것이다. 조경의 적극적인 의견 개진에도 권율은 받아들이지 않았다. 그러던 차에 권율이 외부 출타로 인해 잠시 성을 비우는 일이 있었다. 그 틈을 타서 조경은 군사들을 시켜 목책을 세우고 방어선을 구축하는 공사를 강행한다. 나중에 권율이 돌아와 자신의 지시를 따르지 않은 조경을 크게 질책했다. 그런데 권율이 화를 낸 상황이 무안하게도 곧바로 일본군 3만 명이 행주산성을 향해 쳐들어 왔다. 아슬아슬한 타이밍이었다. 결국 조경이 권율의 지시를 어겨 가며 구축한 방어선이 행주산성을 지키는 신의 한 수가 된 것이다.

실수를 인정하는 리더

누가 봐도 권율의 판단 실수였고, 그 스스로도 머쓱한 상황이었을 것이다. 이럴 때 못난 리더는 자신의 실수를 덮는 데 급급하거나, 도리어 그 공을 자신의 것인 마냥 낚아채려 한다. 만약 권율이 그런 리더였다면, 그것을 자신의 공으로 조정에 보고했거나 오히려 자신의 말에 따르지 않은 조경을 항명죄로 처벌했을지도 모른다. 하지만 권율은 그러지 않았다. 전투가 끝난 뒤 조경에게 자신이 실수했음을 인정하며 사과했고, 그를 크게 칭찬한다. 또 그의 공을 제대로 보고하는 장계를 조정에 올렸고, 조경은 그 공을 인정받아 공신으로 책봉되었다. 권율은 자신의 실수를 인정할 줄 알았을 뿐만 아니라, 책임을 회피하지도 않았다. 그리고 자신의 실수를 바로잡아 준 부하 장수를 위해 그 성과를 제대로 인정받고 보상받도록 해 주었다. 권율이 존경받는 리더로 역사에 이름을 남긴 것은 바로 이런 면모 때문이었으리라.

실수를 하는 것보다 더 중요한 것

흔히 행주대첩이라 하면, 여인들이 행주치마에 돌을 날라와 함께 항전했을 만큼 군사들과 백성들이 모두 힘을 하나로 모아 싸운 덕분에 극적으로 이길 수 있었던 전투로 기억한다. 그런데 이들이 단단하게 힘을 모을 수 있었던 것은 그들이 따르는 리더가 바로 권율 장군이었기 때문이다. 그것은 권율이 완벽한 리더여서가 아니다. 오히려 그는 완벽하지 않았고 실수도 범하는 사람이었다. 중요한 것은 그가 실수 이후에 보인 태도에서 드러난 그 인품에 있었다. 권율은 자신의 실수를 있는 그대로 인정했을 뿐만 아니라, 자신의 부족했던 점을 채워 준 조경에게 적절히 보상해 주는 것 또한 잊지 않았다. 권율의 이러한 면모는 실수로 인해 자신의 위신을 깎아내리기는커녕, 오히려 그에 대한 주변 신뢰를 더 증폭시키는 역할을 했다. 그런 권율의 지휘 아래 군사들과 백성들이 하나로 똘똘 뭉치면서 행주대첩의 기적을 이뤄 냈던 것이다. 행주대첩의 과정에서 권율의 실수가 있었지만, 오늘날 누구도 그것 때문에 그의 업적을 폄훼하지 않는다. 지금도 여전히 행주대첩이라 하면 곧바로 권율 장군이 가장 먼저 떠오른다.

　내 실수를 솔직하게 인정한다는 것은 곧 나의 판단에 대해 책임지겠다는 표현이다. 그리고 그것을 행동으로 보여 줄 때, 실수는 오히려 신뢰로 바뀐다. 나의 완벽한 모습에 흠이 생길까 봐 끝까지 실수를 모른 척하고 부정하는 태도는, 나에 대한 신뢰를 무너트리고 나의 영향력을 축소시킨다는 것을 명심해야 한다. 실수 그 자체가 나를 깎아내리는 것은 아니다. 오히려 실수한 이후 보이는 잘못된 대처가 나를 깎아내리는 것이다. 사람인 이상 누구나 실수할 수 있다. 그것은 어른이 되고 40대가 된 지금도 역시 마찬가지다. 중요한 것은 실수를 어떻게 대하느냐에 달렸다. 실수를 인정한다는 건 '나는 완벽하지 않지만, 책임질 준비가 되어 있는 사람이다'라는 메시지를 전하는 것과 같다. 실수를 전혀 하지 않는 사람보다, 실수에 대해 그런 태도를 가진 사람을 주위에서는 오히려 더 신뢰하고 따르지 않을까?

생각해 보기

1. 최근에 실수한 적이 있다면, 그때 나는 어떻게 대처했는가?
2. 실수를 잘 인정하기 어렵다면 가장 큰 이유는 무엇일까?
3. 완벽해 보이려는 내 태도가 지금 나의 성장을 가로막고 있지는 않은가?

권율

덕(德)을 갖출 것

> 다른 사람에게 선한 영향력을 끼치는 사람이 되고자 한다면, 먼저 덕을 갖추는 노력이 선행되어야 한다.

성명	고우위거(동천왕)
생애	209~247 (고구려)
경력	고구려 제11대 왕
주요 이력	전쟁에서 자만으로 인해 치명적인 실수가 있었음에도 불구하고, 평소 덕이 있었던 성품으로 인해 위기를 극복하고 신하들과 백성들의 많은 사랑과 존경을 받았음.

덕 있는 사람

　어른이 된다는 것은 점점 자신의 판단하에 결정해야 하는 일이 많아짐을 의미한다. 어릴 때는 부모님과 선생님의 말씀에 잘 따르는 것이 미덕이었지만, 어른이 되어서도 남의 말대로 따르기만 하는 것이 좋게 보일 리 없다. 다른 사람들의 말을 잘 경청하되 결국 모든 판단은 본인이 내리는 것이고, 판단에 따른 책임도 본인 몫이다. 그것이 어른스러움이다. 그래서 어른으로서의 삶은 쉬운 일이 아니다. 특히 나의 결정으로 인해 다른 사람에게까지 영향을 미친다면 더욱 그렇다. 40대가 되면 가정이나 사회에서 떠맡게 되는 결정과 책임들이 무겁게 다가온다. 다른 누군가를 이끌기도 하는 역할을 맡아 잘 수행해 내기 위해서는, 단순히 '잘하는 사람'인 것만으로는 부족하다. '믿을 수 있는 사람', '따르고 싶은 사람'이 되어야 한다. 실력의 중요함은 결코 부정할 수 없지만, 어느 순간부터 그것만으로는 사람을 이끌 수 없다는 걸 체감하게 된다. 물론 모든 것을 다 해낼 수 있는 전지전능한 사람이라면 그것이 가능할지 모르겠다. 하지만 세상에 그런 사람은 없으며, 누구나 자신만의 부족함을 가지고 있다. 그렇기에 그 빈틈을 채우는 것은 결국 그것을 도와줄 수 있는 좋은 사람들을 얼마나 곁에 두느냐에 달렸다. 그런 사람이 많을 때 우리는 '덕(德)' 있는 사람이라 부른다.

고구려의 11대 왕이었던 동천왕은 여러 면에서 뛰어난 군주였지만, 그도 완벽한 사람은 아니었다. 중국 위나라가 침공해 왔을 때 동천왕은 자신의 판단 실수로 나라가 멸망 직전까지 내몰리는 위기에 처하고 말았다. 그가 극적으로 위기에서 벗어날 수 있었던 것은 충신 유유와 밀우의 자발적인 희생과 헌신 덕분이었다. 하지만 그런 충신을 곁에 둘 수 있었던 것 또한 동천왕이 평소 덕을 갖춘 리더였기에 가능한 일이었다.

뛰어난 리더의 자질을 가진 임금

동천왕은 자칫 세상에 태어나기도 전에 죽을 뻔한 과거가 있었다. 동천왕의 아버지 산상왕은 원래 왕위 계승 서열이 아니었지만, 형수였던 우씨왕후를 왕비로 맞아들이면서 그 덕분에 왕이 된 인물이었다. 일국의 왕임에도 후궁을 들이는 것조차 어려울 만큼 우씨왕후의 눈치를 살펴야 했다. 한번은 국가 제사 때 제물로 쓰려고 준비한 돼지가 도망가는 사건이 벌어지는데, 어느 시골로 도망친 돼지를 한 젊은 여인이 잡았다는 보고가 올라온다. 호기심이 발동한 산상왕은 그 여인을 만나러 갔다가 하룻밤을 함께 보냈다. 우씨왕후가 나중에 이 소식을 듣고 화가 나서 군사를 보내 죽이려 하지만, "내 뱃속에 왕의 아이가 있다!"라는 의연한 외침에 군사들도 선뜻 죽이지 못하고 돌아온다. 그 말을 들은 우씨왕후도 왕의 아이를 가진 이를 함부로 죽일 수 없겠다고 마음을 바꿔 먹었고, 산상왕은 그 여인을 정식으로 궁궐에 부른다. 이처럼 극적인 과정을 통해 태어난 왕자가 바로 동천왕이었다.

동천왕은 너그럽고 인자한 성격이었던 것으로 전해진다. 자신이 타는 말의 말갈기를 잘라 버리는 등 심술부리고 핍박하는 우씨왕후에게도 늘 웃으며 대했고, 결코 화내는 법이 없었다. 결국 우씨왕후도 죽을 때 동천왕에게 했던 모든 잘못을 반성하며 눈을 감았다고 한다. 이처럼 동천왕은 강한 멘털을 가진 동시에 인자한 성품이었지만 전쟁에 임할 때는 누구보다 용맹한 왕이었다. 여러모로 뛰어난 자질을 가진 리더였던 것은 분명해 보인다.

신하의 도움으로 위기를 극복하다

동천왕이 활동했을 당시 중국은 위촉오 삼국으로 갈라져 각축을 벌이던 삼국시대였다. 고구려가 요동 지역으로 진출할 교두보 확보를 위해 서안평을 공격하자 위나라는 관구검을 보내 반격에 나선다. 동천왕은 2만 명의 군사를 이끌고 수천 명의 위나라 군사를 섬멸하는 큰 승리를 연달아 거두었다. 하지만 이 승리는 동천왕을 자만하게 만들면서 오히려 독이 되고 말았다. 동천왕은 의기양양한 목소리로 "위나라의 큰 군사가 우리나라의 작은 군사보다 못하구나. 관구검이라는 자는 위나라의 명장이라 들었는데, 오늘 목숨이 내 손바닥 안에 있구나!" 이렇게 외쳤다고 한다.

동천왕은 정예병인 철기병 5천 명을 직접 이끌고 몰아붙이지만, 결사적으로 항전하는 관구검의 전략에 말려들며 오히려 대패를 당한다. 결국 1만 8천 명의 군사를 잃고 후퇴한 동천왕은 겨우 1천 명의 패잔병을 이끌고 달아났다. 고구려 수도 환도성이 점령당해 약탈당하는 사이 동천왕은 가까스로 몸을 피해 남옥저로 달아나지만, 그 뒤를 쫓아 현도태수 왕기가 추격해 온다. 그나마 남아 있던 군사마저 거의 흩어져 버리고 잡히기 직전에 내몰린 급박한 상황에 밀우라는 신하가 나선다. 그가 결사대를 이끌고 항전하며 시간을 버는 사이 동천왕은 겨우 목숨을 건져 도망칠 수 있었다. 하지만 위나라군의 끈질긴 추격은 여기서 멈추지 않았다. 이번에는 유유가 나선다. 그는 위나라에 항복하는 척하면서 적장을 죽이겠다는 계책을 썼다. 결국 유유는 적장을 죽이는 데 성공하지만, 그 자신도 목숨을 잃고 말았다. 그의 희생 덕분에 동천왕은 반격의 기회를 얻었고, 마침내 위나라 군사를 영토 밖으로 몰아내는 데 성공한다. 그렇게 여러 신하들의 도움과 희생을 통해 극적으로 위기에서 벗어날 수 있었다.

동천왕의 패배는 몇 번의 승리에 도취해 섣불리 내린 오판에서 초래하고 말았다. 하지만 그의 치명적인 실수에도 불구하고 극적인 만회의 기회를 얻을 수 있었던 것은 유유와 밀우처럼 그를 진심으로 따르는 신하들의 희생과 보호가 있었기 때문이다. 그것은 그저 왕과 신하의 의리 때문만은 아니었다. 평소 인자하고 관대한 성품으로 신하들을 대했던 동천왕의 덕이 없었다면, 자신의 목숨까지 내놓을 정도의 충성심을 이끌어 낼 수 있었을까? 결국 동천왕이 실패의 위기로부터 두 번째 기회를 얻을 수 있었던 것은, 평소 신뢰를 바탕으로 구축된 그들의 관계 덕분이었다.

위기를 극복하고 다시 국력 향상에 매진하던 동천왕이 세상을 떠나자, 나라의 온 백성들이 큰 슬픔에 잠겼다. 심지어 스스로 순장을 자처하며 무덤에 함께 묻히기를 희망한 사람들이 많았을 정도였다고 한다. 고구려 사람들은 사후세계가 현세의 연장이라 믿었기에 저승에서도 왕의 곁에서 보좌하겠다는 마음 때문이었다. 그의 죽음에 얽힌 일화만 보더라도 동천왕은 신하들과 백성들이 진심으로 사랑하고 따르는, 덕이 있는 왕이었다.

리더인 40대에게 특히 중요한 것

사회적 동물인 인간은 그 인생을 살면서 모든 일을 혼자 다 할 수는 없기에 크든 작든 타인의 도움과 지원이 반드시 필요하다. 때로 부모라는 권위로 자식에게 억지로 시킬 수도 있고, 팀장의 지위와 권한으로 팀원에게 지시를 내려 일하게 할 수도 있지만, 시키니까 어쩔 수 없이 하는 것과 그에 대한 신뢰를 갖고 진심으로 따르는 것은 엄청난 차이의 결과를 만든다. 그리고 이렇게 형성된 관계는 특히 위기의 순간에 빛을 발한다. 신뢰가 굳건한 관계라면 어떤 위기의 순간이 오더라도 쉽사리 흔들리지 않고 함께 해결책을 모색하지만, 그러한 신뢰가 부족한 사람은 먼저 제 살길부터 찾아 나설 것이다. 그 각각의 결과가 어떠할지 자명하다.

특히 리더의 위치에 오른 40대라면, 자신의 리더십이 오로지 권한만으로 작동하지 않는다는 사실을 명심해야 한다. 점점 수평적이고 투명한 조직문화를 요구하는 사회적 분위기가 고양될수록 직급이 주는 권위에만 기대어 조직을 이끌기 어려워진다. 어떤 이유에서라도 '따를 만한 사람인가'라는 판단이 리더의 진짜 무게를 결정짓는다. 사람들은 실력만큼이나 인품도 함께 본다. 따를 만한 사람인지, 신뢰하고 내 곁을 내어 줄 만한 사람인지, 나의 노력을 인정해 주고 배려할 줄 아는 사람인지 말이다. 그 기준이 바로 덕이다. 그리고 이것은 번지르르한 말만으로 채울 수 없다. 말보다 행동으로 보여 주는 인격, 실력과 태도의 균형, 자기 이익을 위해 상대방을 이용하는 것보다 함께 성장하겠다는 의지. 그런 것들로부터 얼마나 덕 있는 사람인지 결정된다.

리더십은 완벽함이 아니라, 팔로워에 대한 진심과 신뢰에서 시작된다. 결국 팔로워는 리더의 거울이라는 사실을 기억할 수 있어야 한다. 팔로워를 진심으로 아낄 줄 알고 덕이 있는 리더 곁에는 자발적이고 헌신적인 팔로워가 생겨난다. 그들의 지지를 통해 리더십은 더욱 단단해질 수 있고, 진정으로 '한 방향'을 바라볼 수 있게 된다. 다른 사람에게 선한 영향력을 끼치는 사람이 되고자 한다면, 먼저 덕을 갖추는 노력이 선행되어야 한다. 명령보다 신뢰, 통제보다 존중. 이것이 나의 빈틈을 채우는 첫걸음이다. 이것은 가정에서든, 직장에서든 마찬가지다. 신하들과 백성들의 많은 사랑과 존경을 받았던 동천왕처럼 말이다.

생각해 보기

1. 나와 가까운 사람들은 신뢰에 기반한 관계인가, 혹은 이해관계로만 유지되는 관계인가?

2. 실력 외에, 내가 리더로서 갖춰야 할 인품이나 태도는 무엇이라고 생각하는가?

3. 나의 부족함을 다른 누군가가 기꺼이 채워 주고자 할 만큼, 나는 덕이 있는 사람인가?

동천왕

모범생 콤플렉스를 버릴 것

인종

> 진짜 좋은 사람은 언제나 착하고 참기만 하는 사람이 아니라, 무엇이 옳은지 알고 그에 맞게 행동하는 사람이다.

성명	이호(인종)
생애	1515~1545 (조선)
경력	조선 제12대 왕
주요 이력	매우 착하고 어진 성품을 지녔지만 권력욕이 지나치게 강했던 문정왕후에 대해 단호하지 못한 모습을 보임으로써, 결과적으로 국가가 어지러워지는 단초를 마련함.

좋은 사람, 인종

어떤 사람이 좋은 사람이라고 생각하는가? 성실하고 예의 바른 사람. 남에게 피해를 주지 않는 사람. 갈등을 만들지 않는 사람. 많은 사람들이 이런 사람을 좋은 사람이라 생각하고, 또 좋은 사람으로 인정받고 싶어 한다. 하지만 이런 것들은 다른 사람들이 말하는 정의일 뿐, 나에게 진정으로 '좋은 사람'이란 어떤 사람인지 진지한 생각은 별로 해 본 적 없는 것 같다. '좋은 사람'이라는 의미는, 단순히 성격이 원만하고 착한 사람이라는 일반적인 의미로만 제한해서는 안 된다. 나 자신과 내 주위에 대한 책임과 영향력, 그리고 나의 선택에 대한 무게까지 함께 담을 수 있어야 한다. 그렇게 나 자신을 포함해 내 가족과 직장 동료, 친구들에게 있어 정말로 어떤 좋은 사람이 될 것인가를 고민해 보는 시간이 필요하다. 어쩌면 나와 가장 가깝다고 여기는 이들조차도 내가 그동안 생각해 왔던 '착한 사람'의 모습을 불편하게 여기고 있을지도 모른다.

조선 12대 임금인 인종은 성품이 무척 훌륭해서 신망받던, 한마디로 정말 착하고 좋은 사람이었다. 하지만 재위 기간이 8개월에 불과해 조선 역사상 가장 짧은 기간 통치한 왕으로 기록된 임금이기도 하다. 아이러니하게도 그가 너무 일찍 세상을 떠난 것은 그 어질고 착한 성품과도 무관하지 않았다. 인종의 이야기를 통해, 정말 좋

인종

은 사람이 되고자 한다면 어떤 사람이 되어야 할지 생각해 보았으면 한다.

새어머니가 생기다

중종의 아들인 인종은 세자 시절부터 성군의 자질이 뛰어나 많은 칭송을 받으며 자랐다. 어질고 착한 성품뿐만 아니라, 학문을 매우 좋아해서 웬만한 신하들보다도 해박한 지식을 갖고 있었던 것으로 전해진다. 다음 왕이 될 왕세자 신분으로 태어났으니 세상의 모든 것을 다 가진 듯 보였지만, 다만 한 가지 큰 아픔이 있었다. 인종의 친어머니인 장경왕후 윤씨가 인종을 낳은 직후 산후통으로 일찍 세상을 뜨고 말았던 것이다. 인종은 어머니의 따뜻한 사랑을 받아 보지 못한 채 자라야 했다.

아내를 떠나보낸 중종은 새로운 왕비를 맞아들이는데 그녀가 바로 훗날 명종이 되는 경원대군의 어머니 문정왕후 윤씨였다. 그녀가 인종의 새어머니가 된 것이다. 문정왕후는 권력욕이 매우 대단한 인물이었다. 이미 왕세자인 인종이 있었음에도 불구하고, 자신이 낳은 친아들 경원대군을 왕으로 만들겠다는 야망을 버리지 않았다. 문정왕후는 그 야망을 실현하고자 붕당을 형성하기에 이르렀고, 신하들은 세자를 지지하는 대윤(大尹)과 경원대군을 지지하는 소윤(小尹) 세력으로 갈라졌다. 여기에 그치지 않고 문정왕후는 인종을 세자에서 끌어내려 왕이 되는 것을 방해하고자 갖가지 애를 쓴다. 자신에 대해 대놓고 박대하는 새어머니였지만, 그럼에도 심성이 착하고 효성이 지극했던 인종은 여전히 문정왕후를 어머니로 여기며 지극정성으로 섬겼다.

동궁 화재 사건이 일어나다

하루는 세자가 잠자던 동궁에서 불이 나는 사건이 발생한다. 야사에 따르면, 잠에서 깬 세자빈이 인종에게 빨리 피하자고 재촉했지만, 평소 자신을 미워하던 문정왕후가 불을 낸 것이라 짐작한 인종이 이렇게 답했다고 한다.

"어머니가 나의 죽음을 원하시니 그에 따르는 것이 효가 아니겠는가."

그때 인종을 애타게 부르는 중종의 목소리를 듣고서야 "이대로 죽는 것이 어머니에게는 효이겠지만, 아버지에게는 불효겠구나."라고 말하며 나왔다고 전한다. 야사에 실린 내용이라 액면 그대로 믿기는 어렵지만, 당시 실제로 일어난 화재 사건을 두고 이런 소문이 퍼져서 기록으로 남겨졌을 거라는 사실 자체는 부정할 수 없겠다. 이 이야기를 가만히 들여다보면 모든 수단을 동원해서라도 자기 아들을 왕으로 만들고야 말겠다는 권력욕을 숨기지 않던 문정왕후에 비해, 너무 착하고 순해 빠지기만 했던 인종에 대한 안타까움, 더 나아가 조소마저 엿보이는 듯하다.

인종이 단명한 이유

《조선왕조실록》에는 인종의 몸이 극도로 쇠약해진 이유로 중종이 죽게 되었을 때 20여 일 동안 자신의 몸을 돌보지 않고 밤낮으로 그를 간호했던 것, 그리고 중종이 세상을 떠나자 5일 동안 식음을 전폐하며 슬퍼했기 때문이라고 전한다. 여기에다 문정왕후는 "홀로 된 첩과 아들을 어찌 보전하겠소."라며 대놓고 인종을 쏘아붙이며 난처하게 만들었다. 자신과 경원대군을 언제 죽일 거냐는 가시 돋친 말을 서슴지 않으며 인종을 압박하고 위협한 것이다. 마음이 착했던 인종은 그 말을 듣고 미안함을 이기지 못해 아침부터 햇볕 쬐는 땅바닥에 오랫동안 엎드려 있었다고 한다. 왕이 새어머니 앞에서 아무 잘못 없이 석고대죄하던 셈이다. 착한 성품의 인종은 문정왕후를 지극정성으로 섬겼지만, 문정왕후가 원한 건 오로지 그가 앉아 있는 왕위였을 뿐이었다.

자기 몸을 돌보지 않은 데다 스트레스에 시달리던 인종은 점점 몸이 쇠약해져만 갔고 왕이 된 지 불과 8개월 만에 세상을 떠나고 만다. 문정왕후의 염원대로 경원대군이 뒤이어 왕위에 올라 명종이 되었고, 그녀는 대비로서 수렴청정하며 국정을 마음대로 주물렀다. 인종이 왕세자였던 시절부터 지지했던 많은 신하들이 죽거나 귀양을 간 을사사화가 일어나고, 조정은 큰 혼란에 빠졌다. 윤원형을 위시한 외척 세력이 정권을 잡은 뒤 심각한 부정부패로 나라 경제는 크게 위태로워지고 민심이 극도로 흉흉해진다. 그 유명한 임꺽정의 난도 바로 이 시기에 일어난 일이다. 역사에 가정은 의미가 없다고 하지만, 만약 인종이 좀 더 마음을 굳세게 먹고 중심을 잡으며 오랫동안 조선을 통치했다면 일어나지 않았을지도 모를 일들이다.

모범생 콤플렉스를 버리자

인종은 '최고의 성군이 될 뻔한 임금'으로 그 이름을 역사에 남겼다. 인종 개인적으로는 성품이 어질며 착한 사람이었고 자신을 핍박하는 새어머니에게조차 무척 훌륭한 효자였을지는 몰라도, 조선의 리더로서는 부족한 점이 있지 않았나 하는 생각이 든다. 만백성의 삶을 책임지는 임금이라면 자신의 건강을 좀 더 잘 돌보아야 했고, 아버지의 죽음이 아무리 슬프더라도 5일이나 식음을 끊으며 스스로 건강을 해쳐서는 안 되는 것이었다. 또 문정왕후의 부당한 압박에 굴하지 않고 단호히 대응해야 했다. 결과적으로 인종이 너무 빨리 세상을 뜨면서 문정왕후와 외척 세력이 정권을 잡아 발호하게 되었고, 나라가 큰 혼란에 빠지는 단초를 마련하고 말았다. 더구나 자신을 따르고 지지해 주었던 많은 신하들이 을사사화로 큰 화를 당하게 되었으니, 적어도 그 신하들에게 있어서 인종이 좋은 사람이었을지 의문이 남는다.

자신의 감정보다 상대의 감정을 먼저 배려하고, 분노보다는 인내를 택하고, 갈등보다는 화합을 우선시한 인종의 선택들은 그가 인간적으로 얼마나 훌륭한 인물이었는지 잘 보여 준다. 그가 일반 서민이었다면 이보다 더 좋은 사람일 수는 없었을 것이다. 하지만 그에 비해 너무 많은 책임을 짊어진 것이 문제였다. 그에게는 조선의 임금으로서 만백성들이 편안한 삶을 살도록 이끌어 가야 할 책임이 있었다. 그가 짊어진 책임의 무게는 단지 '좋은 사람'인 것만으로 감당할 수 있는 것이 아니었다.

우리는 사회생활 속에서 무의식적으로 '모범생 콤플렉스'를 안고 살아간다. 좋은 사람이 되어야 한다는 강박, 모두에게 인정받고 미움받지 않아야 한다는 불안 같은 것들을 쉽사리 버리기 어렵다. 하지만 40대가 된 지금, 우리는 이제 질문을 바꿔야 한다. '모두에게 그저 좋게 비치는 사람을 넘어서서 올바르게 책임질 수 있는 사람, 필요한 순간 단호할 수 있는 사람이 될 수 있는가?'라고 물어볼 수 있어야 한다. 진짜 좋은 사람은 언제나 착하고 참기만 하는 사람이 아니라, 무엇이 옳은지 알고 그에 맞게 행동하는 사람이다. 나의 판단과 가치, 그리고 나를 따르는 이들의 삶을 함께 책임질 수 있을 때, 우리는 비로소 '좋은 사람'이 될 수 있다. 모범생 콤플렉스를 버려야만 진정으로 누군가에게 좋은 존재가 될 수 있다고, 인종의 삶이 우리에게 말한다.

1. 나는 '좋은 사람'이 되기 위해 스스로에게 어떤 기준을 적용하고 있는가?

2. 나는 '모두에게 좋은 사람'이 되고자 하는가, '책임 있는 사람'이 되려 하는가?

3. 진정으로 좋은 사람이 되기 위해, 내려놓거나 바꿔야 할 나의 태도나 신념은 무엇인가?

삶에 있어 태도가 중요함을 알 것

정여립

성명	정여립
생애	1546~1589 (조선)
경력	예조좌랑, 수찬
주요 이력	학문과 재능이 뛰어난 인재였지만 오만하고 신뢰를 저버린 태도로 신망을 잃었고, 결국 자신의 능력을 온전히 펼치지 못한 채 역모자로 몰려 죽게 됨.

능력과 태도, 무엇이 더 중요한가?

대부분의 40대는 직장 생활을 하거나 개인사업을 하며 사람을 고용해 본 경험이 있을 것이다. 이때 현실적으로 종종 묻게 되는 질문이 있다. '일은 잘하는데 태도가 안 좋은 사람과 일은 못해도 태도는 좋은 사람 가운데 나는 누구와 일하고 싶은가?' 아무리 성격이 좋아도 일 못하는 건 너무 힘들다고 여기는 이도 있을 것이고, 일은 배우면 되지만 태도 안 좋은 건 절대 못 고친다는 이도 있을 것이다. 특히 직원을 고용해야 하거나 직장 내 리더의 위치에 있다면 쉽지 않은 고민이다. 결국 어떤 사람을 쓰느냐에 따라, 진행 중인 사업이나 프로젝트의 성패에도 큰 영향을 미치기 때문이다. 한편 반대 입장에서 나는 그 둘 중에 어떤 사람인지 스스로 돌아볼 만한 질문이기도 하다. 나는 일만 잘하면 어떤 태도든 상관없다고 여기는 사람인가, 실력도 중요하지만 태도가 더 중요하다고 여기는 사람인가? 무엇이 꼭 정답이라고 말하기는 어렵지만, 역사 속 이 인물의 삶을 보면 능력보다 태도가 중요하다는 의견에 공감이 간다. 조선의 집권 사림 세력이 동인과 서인으로 갈라져 붕당정치가 막 시작되었을 무렵, 수많은 동인 세력이 숙청당한 사건인 기축옥사(己丑獄事)[39]의 시발점으로

---

[39] 동인의 정여립이 모반을 꾀한다는 고변으로 촉발되어 약 1천 명에 이르는 동인계 인사들이 처벌받아 피해를 입은 사건.

정여립

알려진 정여립의 난으로 유명한 정여립이다.

선조의 선택을 받지 못했던 이유

정여립은 22살에 소과에 합격해 진사가 되었고, 불과 25살이라는 젊은 나이로 대과까지 합격하여 관직에 진출한 촉망받는 인재였다. 게다가 당대 최고 유학자로 불리던 율곡 이이와 성혼의 가르침을 받은 제자이기도 했다. 기록에 따르면 '정여립은 기백이 굉장하고 말솜씨가 좋아서 입을 열기만 하면 그 말이 옳고 그른 것을 불문하고 좌석에 있는 이들이 칭찬하고 탄복했다'고 전해진다. 또 '넓게 배우고 많이 기억하여 경전에 통달하였으며 의론이 과격하고 드높아 바람처럼 발하였다'고 평가한 기록도 있다. 기라성처럼 뛰어난 조선의 수재들 가운데서도 특히 인정받던 수재 중의 수재였다.

하지만 이렇게 뛰어난 능력에도 불구하고, 그의 관직 생활은 순탄하지 않았다. 그의 실력을 높이 산 신하들의 인사 발탁 추천이 계속해서 있었지만, 정작 인사권을 쥔 임금 선조가 그를 중용하지 않았기 때문이다. 율곡 이이가 관리 인사를 담당하는 주무 장관인 이조판서였던 시절, 정여립만큼 실력 있는 인재는 드무니 등용할 것을 선조에게 직접 주청하였다. 그렇지만 이번에도 선조의 대답은 "재가 하지 않겠다."였다. 그 이유는 무엇이었을까? 선조도 정여립의 학문이 뛰어나고 재주가 많은 점은 익히 들어서 알고 있었지만, 그의 성품이 매우 좋지 못하다고 여겼다. 선조가 평가한 정여립의 성품은 매우 건방지고 타인을 깔보는 습관이 있으며 태도가 무례하다고 본 것이다. 실제로 정여립은 남을 업신여기며 자신이 최고라는 생각이 매우 지나쳤다. 또 남을 잘 배려하지 못하였을 뿐 아니라, 자기 형제와 주위 사람들과도 관계가 원만하지 못했다. 성질이 사나워서 그와 사이가 틀어진 사람들은 나중에 어떤 비방과 고발을 당할지 몰라서 두려워할 정도였다고 하니, 이런 부분을 선조는 좋게 보지 않았던 것이다.

비운의 결말을 맞이하다

정여립이 활동했던 시대는 사림 세력이 동인과 서인으로 갈라져 붕당정치가 막 시작된 시기였다. 동인은 주로 이황이나 조식을 스승으로 삼은 제자들이었고, 서인은 이이와 성혼을 스승으로 모셨다. 정여립은 이이와 성혼에게 직접 가르침을 받았으니, 서인의 직계 순혈 엘리트 출신이었던 셈이다. 그랬던 정여립이, 율곡 이이가 세상을 떠나고 서인의 정치 세력이 약해졌다고 느끼자 동인으로 붕당을 갈아타 버린다. 지금으로 치면 출세를 좇아 당을 갈아타는 철새 정치 행보를 보인 것이다. 그리고 동인 유력 신하들의 추천을 받아 홍문관

정여립

수찬이라는 벼슬에 오른다. 국왕의 경연 자리에 참석해 자신의 정견을 왕에게 직접 전달할 수 있는 주요 보직이다. 이 경연 자리에서 정여립은 선조에게 자기 스승이었던 이이를 맹렬하게 공격한다. 오늘날에도 당을 옮긴 정치인이 더 강성적인 모습을 보이는 경향이 있듯이, 자신이 동인으로서 입지를 굳건히 다지려면 화끈하게 이이까지 공격하는 것이 좋은 점수를 따는 전략이라 생각했던 것 같다.

하지만 이 전략은 단단히 실패하고 말았다. 의리와 명분을 중요하게 여기는 조선 사회에서 붕당을 옮긴 것으로도 모자라 세상을 떠난 자기 스승까지 마구 헐뜯는 모습에 선조의 마음이 완전히 떠나 버린 것이다. 선조는 정여립의 이러한 행태를 변절이라 비판하였고 여러 번 꾸짖기도 한다. 여기에다 원래 동인인 사람들은 이이를 비난할 수 있을지 몰라도, 이이가 생전에 매우 아꼈고 그 자신도 이이에 대해 무한한 존경을 표현해 마지않던 정여립이 이래서는 안 된다는 서인의 맹렬한 공격이 그치지 않았다. 또 과거에 정여립이 동인의 영수 유성룡을 비난하는 편지를 썼다는 사실까지 공개되자, 그는 완전히 궁지에 몰리고 말았다. 결국 정여립은 벼슬을 버리고 고향으로 낙향해야 하는 신세가 되고 만다. 그곳에서 대동계라는 무술 연마 조직을 만들어 활동하던 그는, 정여립의 난이라 불리는 모반 사건의 주동자라는 고변을 당하고 결국 비참한 죽음을 맞게 되었다.

사실 정여립이 실제로 난을 일으켰는지, 혹은 억울한 모함을 당한 것인지 정확히 알 수는 없다. 모반의 직접적인 증거를 찾기 어려울 뿐만 아니라 정여립이 대동계를 이끌며 활동했던 곳은 전라도 진 안이었음에도 그의 역모를 고발한 사람은 멀리 떨어진 곳에 있는 황해도 관찰사였다는 사실 등을 종합해서 보았을 때 그가 모함당했을 가능성이 더 커 보인다. 다만 평소에도 "천하는 공물이니 어찌 일정한 주인이 있으리요?"같이 자칫 역모로 의심받을 수 있는 말을 공공연히 하고 다닌 그의 평소 태도가 스스로 반역자로 몰리도록 자초한 점도 있음을 부정할 수는 없을 것이다.

능력보다 태도가 중요하다

정여립은 매우 유능한 인재였다. 그의 스승이었던 율곡 이이가 칭찬을 아끼지 않았고, 반대편이던 동인도 그의 재주를 탐내어 결국 그를 자신들 당으로 끌어들일 정도였으니 말이다. 하지만 그는 능력에 걸맞는 인성과 태도는 갖추지 못한 인물이었다. 자기만 혼자 잘났다고 생각했기에 주변 사람들을 무시하거나 업신여기기 일쑤였고, 심지어 고인이 된 스승을 맹렬히 비난하는 배은망덕한 모습까지 보였다. 이런 태도는 그의 유능함을 가려 버렸고, 스스로 출셋길을 막아 버리는 원인이 되었다.

사우스웨스트항공 회장을 지낸 허브 켈러허는 이렇게 말한 바 있

정여립

다. "우리는 아무리 능력이 뛰어나다 해도 올바른 태도를 갖지 않은 사람은 채용하지 않습니다. 가르치고 훈련하면 능력은 얼마든지 변화시킬 수 있습니다. 그러나 태도는 변화시킬 수 없습니다." 넥슨 창업자인 김정주 회장도 "오랫동안 함께할 만한 사람으로 좋은 사람과 유능한 사람 둘 중 하나를 골라야 한다면 나는 좋은 사람을 택하겠다."라고 말한 바 있다. 원래부터 일을 잘하던 사람은 앞으로도 일을 잘할 가능성이 크지만, 처음에는 일을 잘하지 못했던 사람도 꾸준한 노력과 배움을 통해 얼마든지 일 잘하는 사람으로 성장할 수 있다. 결국 중요한 것은 태도에 달렸다.

40대는 인생에서 중요한 분기점에 서 있는 시기이다. 지금까지 쌓아 온 능력과 경험도 물론 중요하지만, 그보다 더 큰 영향력을 발휘하는 것은 내 주위 사람들, 특히 함께 일하는 이들과 어떻게 관계를 맺고 유지하느냐에 달려 있다. 아무리 뛰어난 기술이나 지식이 있더라도, 태도가 좋지 않으면 사람들의 신뢰와 협력을 얻기 어렵다. 반면, 태도가 좋은 사람은 부족한 점을 스스로 인정하고 끊임없이 배우려는 자세로 꾸준히 성장한다. 정여립은 뛰어난 능력에도 불구하고 그에 걸맞은 인품과 태도를 갖추지 못했기에, 결국 자신의 능력을 온전히 발휘할 수 있는 기회를 얻지 못했고 비운의 결말을 맞고 말았다. 오늘날 성공한 수많은 리더들이 능력 못지않게 태도의 중요성을 강조하며, 사람을 배려하고 존중하는 태도를 가장 먼저 갖추라고 조언하는 것에는 분명한 이유가 있다.

40대가 되어서도 내가 능력 있는 사람이라는 것을 입증하는 것은 중요하다. 하지만 그 능력을 올바르게 사용할 줄 아는 인품과 태도를 갖춘 사람임을 입증하는 것은 더 중요한 일이다. 그것을 보여주는 사람이 더 많은 기회를 얻고, 좋은 결과를 만들어 낼 가능성도 훨씬 크다. 능력은 노력으로 어느 정도 키울 수 있지만, 좋은 태도를 바탕으로 쌓아 가는 신뢰와 평판은 그 이상으로 많은 노력을 요구한다. 나 자신뿐 아니라 상대방도 배려할 줄 아는 사람만이 할 수 있는 것이기에 더 어려운 일이기도 하다. 하지만 이것을 결국 해내는 사람이 인생 후반전을 더 탄탄하게 준비할 수 있다.

생각해 보기

1. 지금 나의 태도는 주변 사람들과의 관계에 어떤 영향을 미치고 있는가?

2. 능력과 태도 중 내가 더 중시하는 가치는 무엇이며, 왜 그런가?

3. 앞으로 더 나은 신뢰와 평판을 쌓기 위해 구체적으로 어떤 노력을 할 수 있을까?

정여립

꼭 필요한 순간 미움받을 용기를 낼 것

정홍순

성명	정홍순
생애	1720~1784 (조선)
경력	우의정, 호조판서, 예조판서
주요 이력	당장의 미움과 오해를 감수하더라도 장기적으로 더 나은 결과를 위해 원칙과 책임감을 갖고 강단 있게 결정을 내렸고, 그 결과 많은 존경을 받음.

미움받을 용기가 있었던 사람

베스트셀러 《미움받을 용기》(기시미 이치로/고가 후미타케. 인플루엔셜, 2014)에는 이런 구절이 나온다.

"행복해지려면 미움받을 용기도 있어야 하네. 그런 용기가 생겼을 때, 자네의 인간관계는 한순간에 달라질 걸세."

우리 사회는 유독 타인의 눈치를 많이 보는 사회다. 출근해서는 상사와 동료, 집에 와서는 가족과 친척들, 심지어 SNS를 통해 내 삶 일부를 들여다보는 지인들까지 모두와 잘 지내야 한다는 압박감이 마음을 짓누른다. 특히 40대의 나이에 이르면 그런 강박이 더 심해진다. 회사에서는 팀장이고 선배니까, 또 가정에서는 부모이자 자식이니까 좀 더 많은 책임과 희생을 요구받는다. 어쩌면 《미움받을 용기》라는 책이 출간 당시 큰 인기를 끌었던 이유는, 그런 압박감에 지쳐 있는 사람들에게 위로를 건네고 심리적 해방감을 선사했기 때문은 아니었을까 싶다.

다른 사람을 배려하는 것도 중요하지만, 때로는 나 자신을 더 중요하게 생각해야 할 때도 있다. 내가 무너지지 않도록 나를 지키기 위해 과감히 미움받을 용기를 가져야 할 때도 있는 것이다. 그렇다고 해서 무조건 이기적으로 살아야 한다는 뜻은 아니다. 모든 사람

정홍순

을 적으로 만들면서 미움받으라는 의미 또한 결코 아니다. 필요한 순간에는 미움받을 용기를 가지되, 그것에도 나름의 원칙과 기준이 있어야 한다는 것을 말하고 싶다.

국가 재정의 총괄 책임자인 호조판서를 10년 동안 재직했던 정홍순이란 인물이 있다. 예나 지금이나 국가의 재정을 관리하는 것은 매우 어려운 일이기 때문에 10년이나 그 직을 수행했다는 사실도 대단했지만, 그는 미움받는 것을 두려워하지 않을 만큼 강한 멘털을 가졌던 사람이기도 하다. 그는 타인에게 미움받는 것을 두려워하기는커녕 때로는 너무 강하게 나가는 듯한 모습을 보이기도 했지만, 사람들은 오히려 그를 존경하고 따랐다. 과연 정홍순에게 어떤 비결이 있었던 것일까?

부하 관리를 내쫓다

정홍순이 호조판서로 재직하고 있었을 때, 그 밑에 성실하고 타의 모범이 되는 관리가 한 명 있었다. 그런데 그의 녹봉이 결코 적은 것도 아닌데 늘 남루한 옷차림으로 다녔다. 그 모습이 의아했던 정홍순이 이유를 물었다. 실제 그 관리의 식구는 6명이었지만, 형과 동생, 처남의 가족들까지 스무 명에 이르는 식솔이 그의 집에 함께 살고 있었다. 그 많은 수의 사람들을 오직 본인의 수입으로만 먹여 살리느라 늘 가난에 허덕일 수밖에 없었던 것이다. 형제와 처남이 일도 안 하고 백수 노릇을 하고 있었지만, 인정 때문에 차마 내치지 못하고 있었다. 보통은 그런 말을 들으면 '참 힘들겠군, 그래.' 이렇게 어깨를 토닥거리고 위로해 주겠지만, 정홍순은 매우 뜻밖의 행동을 보인다. 그 관리를 파직시켜 버린 것이다. 그러면서 "재정을 다루는 호조에 있으면 온갖 청탁과 비리에 얽힐 가능성이 많은데, 자네처럼 먹여 살릴 식구가 많으면 유혹에 쉽게 넘어갈 수 있지 않겠는가."라고 말한다.

갑작스런 봉변에 깜짝 놀란 관리는 강하게 항변했지만, 정홍순은 눈도 깜빡하지 않았다. 자신의 어려운 처지를 말했다가 오히려 한순간에 직장에서 잘려 버린 그 관리는 얼마나 황당하고 정홍순이 미웠을까. 그렇게 1년이 지난 후, 정홍순이 다시 그를 불러 그동안 어떻게 지냈는지 근황을 물었다. 그는 생계가 막막해져 어떻게든 먹고살려고 발버둥 치는 중이고, 함께 얹혀살던 형제와 처남 식구들도 결국 각자도생하기 위해 집을 떠났다고 말한다. 그 말을 들은 정홍순이 이렇게 답한다.

"내가 자네를 파직했던 것은, 그 백수들을 쫓아내 주려고 그랬던 것일세. 이제 그들도 자기 힘으로 살겠다며 나갔다고 하니, 이제 자네도 좀 먹고살 만해지겠군. 여기 그동안의 1년 치 녹봉을 따로 챙겨 뒀으니 받도록 하고, 내일부터 다시 출근해서 일하게나."

정홍순

관리의 딱한 처지를 알고 난 후 상급자로서 녹봉을 조금 올려 주는 정도의 조치를 취할 수도 있었을 것이다. 하지만 그것은 근본적인 해결책이 아니었다. 그 관리의 집에 얹혀살며 빈둥거리는 형제와 처남의 존재가 가난의 근본적인 원인이었기에 약간의 녹봉 인상으로 해결되기는 난망했던 것이다. 그렇다고 그를 이렇게 계속 방치하면, 경제적 불안과 스트레스로 자기 업무에 집중하지 못하는 상황이 뻔히 보였을 것이다. 정홍순은 이 문제의 근본적인 해결을 위해 자신이 미움받는 사람이 되기로 결단했다. 정홍순의 선뜻 이해되지 않던 그 행동이 사실은 자신을 위한 배려였음을 뒤늦게 알게 된 관리는 고마운 마음과 존경심을 갖고 더 열심히 일하게 되지 않았을까?

빈손으로 딸을 시집보내다

정홍순이 자신의 딸을 시집보낼 때도 비슷한 에피소드가 있다. 예나 지금이나 고위 공직자라면 자신과 가문의 체통을 생각해서라도 성대한 혼례식을 치르는 것이 흔한 일이다. 그런데 정홍순은 그러기는커녕 딸을 위한 혼례식 비용을 전혀 지원하지 않았다. 심지어 딸은 평소 입던 옷을 입고 혼례식을 치렀고, 아무런 혼수도 지참하지 않은 채 시집을 갔다. 이런 자린고비 같은 모습에 사위는 큰 불만을 가졌다. 자신과 자기 가문에 대해서도 우습게 본 것이라 여긴 것이

다. 거기에다 처가에 온 사위에게 저녁 한 끼 대접해 주지 않고 저녁
은 집에 가서 먹으라며 보낸 일도 있었다. 장인의 인색한 모습에 단
단히 화가 난 사위는 그 뒤로 처가에 발도 들이지 않는다. 그렇게 사
위의 발길이 끊어지고서 몇 년 뒤, 정홍순은 전갈을 보내 사위를 집
으로 부른다. 그 자리에서 정홍순은 사위에게 땅문서를 건네주며 이
렇게 말했다고 한다.

"자네가 혼인할 때 혼례비용을 알아봤는데, 그 돈을 헛되이 낭비
하는 것보다 차라리 아끼고 불려서 주는 게 낫다고 생각했네. 그 돈
을 불려서 이제 집과 밭을 샀으니 이 땅문서를 가져가도록 하게. 이
러는 편이 자네 자손을 위해서도 더 낫지 않겠는가."

정홍순은 남 부럽지 않은 성대한 혼례식을 치러서 사위의 자존심
을 한껏 세워 주고 자신의 체면을 세울 수도 있었다. 하지만 허례허
식으로 돈을 낭비하기보다는, 그 돈으로 가정을 꾸리는 데 실질적인
도움이 되는 집과 땅을 사 주는 게 더 낫다 여긴 것이다. 당장은 사
위의 오해와 미움을 받을 수 있지만, 그것을 감수하고서라도 그들이
진정으로 행복하게 살기를 바랐던 정홍순의 진심이 담긴 선택이
었다.

정홍순

미움받을 용기를 낼 수 있었던 이유

인생을 살아가면서 늘 '좋은 사람'이 되는 것은 불가능하며, 꼭 반드시 그래야만 하는 것도 아니다. 때로는 누군가의 과도한 부탁을 거절할 수 있어야 하고, 타인의 눈치를 보지 않고 책임 있는 결정을 내릴 줄 아는 용기가 필요할 때도 있다. 특히 책임 있는 위치에 있다면 더욱 그렇다. 내 주위 모든 이들의 이해를 동시에 만족시키는 결정은 거의 불가능하며, 잠깐의 불만을 피할 요령으로 '좋은 게 좋은 거지'라는 태도로 책임을 회피하면 더 큰 손해로 이어질 수 있다. 그것을 과감하게 끊어내고자 한다면 미움받는 것을 무릅쓰고라도 결단하는 용기가 필요하다.

다만 정홍순이 그랬던 것처럼 미움받을 용기에는 몇 가지 원칙이 필요하다. 먼저, 이것이 모두에게 더 나은 선택이라는 확신이 있어야 한다. 지금 당장은 비난받더라도 그것이 결국 그 관리와 사위를 위해 더 나은 선택이 분명했기에 정홍순은 당장의 미움받는 것을 무릅쓸 용기를 낼 수 있었다. 그리고 그렇게 하기로 결정했다면, 자신의 선택에 대해 책임질 준비가 되어 있어야 한다. 갑작스럽게 직장을 잃은 관리의 원망을 한 몸에 받고, 단단히 화난 사위가 자신의 집에 발길을 끊어 버린 상황을 정홍순이라 해서 마음이 편했을까. 하지만 그런 일들로 인해 쉽게 흔들릴 결정이었다면 처음부터 하지 않거나, 좀 더 많은 시간을 두고 심사숙고해서 결정했어야 할 일이다. 그것을 최선이라 여겨 일단 선택을 했다면, 나의 선택으로 인해 발생한 결과에 대해서는 내가 온전히 감당해 내겠다는 마음가짐이 반드시 필요하다. 정홍순이 결국 존경받게 된 배경에는 그런 단단함이 그의 내면 안에 있었기 때문이다.

여러 역할을 동시에 감당해야 하고 그만큼 많은 이해관계에 얽힐 수밖에 없기에 그만큼 결정도 쉽지 않다. 그렇기에 더더욱 '미움받을 용기'가 필요하다. 타인의 기대를 모두 충족시키려다 정작 나 자신과 가족의 미래를 망치지 않도록, 때로는 불편한 결정을 내리는 것이 곧 책임 있는 삶의 방식이다. 나에게는 미움받을 용기가 있는가? 그리고 꼭 필요한 순간에 그러한 용기를 낼 줄 아는 사람인가?

생각해 보기

1. 미움받을 용기를 내야 할 때, 나만의 원칙과 기준은 무엇인가?
2. 내가 '좋은 사람'으로 보이기 위해 포기하거나 미룬 중요한 일은 무엇이었는가?
3. 단기적인 호감과 장기적인 신뢰 중, 나는 평소 어떤 쪽을 더 우선하는가?

정홍순

잘나갈 때 위기가 시작됨을 명심할 것

폐비 윤씨

> **"**
> 내가 지금 정말 잘나가고 있고 무척 높이 올라와 있다고 느낀다면, 그만큼 많은 책임과 위험에도 노출되어 있다는 것을 명심해야 한다.
> **"**

성명	윤씨
생애	1455~1482 (조선)
경력	조선 제9대 국왕 성종의 폐비
주요 이력	가난과 역경을 극복하고 마침내 왕비가 되어 조선 여성으로서 최고 권력에 올랐지만, 그 이후의 삶을 잘 준비하지 못하여 결국 비극적 결말을 맞았음.

낭떠러지는 산의 높은 곳에 있다

사회 초년생이던 20대, 30대 시절을 지나 40에 이르면 무르익은 경력을 바탕으로 열심히 노력해 온 결실을 하나둘 수확하는 시기다. 일터에서는 이전보다 책임과 권한이 더 커지는 만큼 받는 보상도 많아진다. 그중에도 어떤 이는 사업이 크게 성공하기도 하고, 직장에서 실력을 인정받아 남들보다 빠른 승진 코스를 밟는 사람도 있다. 경제적으로 안정을 이루고, 사회적인 명망을 얻으면 어느 순간 자신이 꽤 잘나간다고 느끼기 마련이다. 그 결과가 나의 노력에 따른 것이라면 충분히 자부심을 가져도 괜찮을 것이다.

하지만 우리 주위를 둘러보면 승진, 사업의 성공, 재정적 여유 등 인생의 정점을 찍었다고 생각했던 바로 그 순간이, 아이러니하게도 내리막의 시작점이 되었던 사례는 너무나 쉽게 찾아볼 수 있다. 마치 정상에 오른 그 순간 잠깐의 방심과 부주의로 정상 아래 절벽으로 떨어질 수 있듯이, 한순간의 방심과 자만이 나를 돌이킬 수 없는 상황으로 몰고 갈 수 있음을 늘 경계해야 한다. 산을 오르는 과정이 있으면 다시 내려오는 과정도 반드시 있는 것이 등산이다. 인생이라는 산을 오르는 과정 또한 그 정상을 향해 열심히 잘 올라가는 것도 중요하지만, 그 이후 잘 내려오는 것도 중요하다는 사실을 잊지 말아야 한다. 그 모든 과정을 망각한 채 어떻게 남들보다 빨리 올라갈 것인가에만 골몰하다 보면, 더 빨리 체력이 소진되거나 심지어 실족

할 수도 있다. 그러니 그동안 내가 이룬 성과로 남들보다 잘나간다고 느낄수록, 더 겸손하고 주의 깊게 살아야 한다. 낭떠러지는 산 아래가 아닌 높은 곳에 있다. 최고에 오른 순간이야말로 가장 깊은 낭떠러지와 맞닿아 있음을 잊지 말아야 한다.

최고의 자리에 올랐지만 한순간에 몰락하고 말았던 사람들의 이야기는 우리 역사 속에서도 수없이 찾아볼 수 있다. 연산군의 일대기를 다룬 사극에 반드시 빠지지 않는 그 어머니 폐비 윤씨도 그들 중 한 명이었다. 왕비 신분으로 원자를 낳은 최초의 왕비였던 동시에 왕비 자리에서 쫓겨난 최초의 왕비, 원자의 어머니였음에도 불구하고 임금으로부터 사약을 받고 죽임을 당한 최초의 왕비. 바로 연산군의 어머니 폐비 윤씨에 대한 설명이다. 그는 어쩌다 그런 최초의 기록을 써 내려간 비운의 인물이 되었을까?

조선 시대 여성 최고의 지위에 오르다

폐비 윤씨는 어릴 적 아버지를 여의고 베를 짜서 팔면서 어머니를 봉양해야 할 정도로 가난한 집안에서 자랐던 것으로 전해진다. 그러나 이런 효성이 알려진 덕분에 궁궐로 들어가 왕의 후궁이 되는 행운을 얻는다. 폐비 윤씨가 어릴 적부터 생활력이 강하고 효심이 있어서 평판이 좋았음을 짐작게 한다.

성종의 첫 부인이었던 공혜왕후가 20세를 넘기지 못하고 세상을 떠나자, 그 두 번째 왕비를 간택하기로 한다. 그 최종 후보자로 네 명의 후궁이 선발되는데, 그중에서도 윤씨가 가장 유력한 후보자로 떠오른다. 왕실의 가장 큰 어른인 대왕대비 정희왕후가 윤씨에 대해 "주상이 중히 여기고, 윤씨가 검소한 것을 숭상하며 일마다 정성과 조심성이 있어 대사를 맡길 만하다."며 높은 평가를 내린다. 윤씨 또한 "저는 본디 덕이 없으며 과부의 집에서 자라나 보고 들은 것이 없으므로 사전에서 선택하신 뜻을 저버리고 주상의 거룩하고 영명한 덕에 누를 끼칠까 몹시 두렵습니다."라는 겸손한 말로 큰 호평을 얻는다. 마치 일을 잘해서 좋은 평가를 받는 직원이 말까지 예쁘고 조리 있게 잘해서 상사의 애정을 듬뿍 받는 모습을 보는 듯하다.

결정적으로 윤씨는 성종의 아이를 가지게 되면서 왕실의 축복과 기대를 한 몸에 받으며 왕비의 자리에 오르게 된다. 왕비가 된 윤씨는 훗날 연산군이 되는 왕자를 낳았을 뿐만 아니라, 명나라 황제로부터 조선의 왕비라는 정식 책봉도 받았다. 조선 건국 이래 수많은 왕비들이 있었지만, 윤씨만큼 최고의 정통성과 명분을 골고루 갖춘 왕비는 찾기 어려울 정도였다. 하지만 아이러니하게도 인생의 최고 정점을 찍었던 그 바로 순간에 끝없는 추락의 시간이 거짓말처럼 찾아온다.

가장 큰 위기는 최고의 순간에 찾아온다

일단 왕비가 되고 나니 그 자리를 잘 지켜야만 한다는 압박감에 초조했기 때문이었을까. 윤씨는 다른 후궁들을 몹시 경계했다. 어느 날 다른 후궁들이 왕비와 그 왕자를 제거하려 한다는 투서가 비밀리에 들어오는데, 왕실을 발칵 뒤집어 놓은 이 사건은 결국 윤씨의 자작극으로 밝혀진다. 이보다 더 심각한 문제는 윤씨의 침실에서 자식을 못 낳게 하는 등의 온갖 저주가 쓰인 책과 독약이 발견된 사건이었다. 특히 왕이 언제든 드나들 수 있는 왕비의 처소에서 독약이 발견되었다는 사실은 매우 심각한 사안이었다. 그녀가 마음만 먹으면 얼마든지 성종을 독살할 수도 있다는 의심으로까지 이어졌기 때문이다. 이러한 일련의 사건을 겪으며 왕비에 대한 애정이 완전히 식어 버린 성종은 혼례를 올린 지 불과 8개월 만에 이혼을 결심한다.

최고의 위치까지 올라갔다가 추락하는 과정이 워낙 빠르고 극적으로 전개되었다 보니, 왕실 내에 벌어진 권력 다툼의 희생양이 된 것이라거나, 선뜻 이해되지 않는 윤씨의 행동이 조울증 때문이었다는 등의 다양한 해석도 있다. 다만 분명한 것은 폐비 윤씨가 왕비에 오르기 전까지 보여 주었던 그 절제된 말과 행동이, 왕비가 되고 왕자를 낳은 이후에는 더 이상 보기 힘들 만큼 사라져 버리고 말았다는 사실이었다. 어쩌면 다음 왕위에 오를 미래 권력자의 어머니가 되었다는 자만심과 더불어, 어렵게 이뤄 낸 그 자리를 다른 후궁들로부터 반드시 지켜 내야 한다는 초조함이 어우러져 그런 무리수를 만든 것은 아니었을까. 결국 원자의 어머니인 왕비를 내쫓을 수 없다는 신하들의 완강한 반대에도 불구하고, 성종은 이혼을 강행하였고 끝내는 사약을 내려 죽게 만든다. 이 죽음이 단초가 되어 훗날 왕위에 오른 연산군의 광기를 불러일으키며 엄청난 피바람이 불게 만든 것은 널리 알려진 사실이다.

인생이란 등반을 위하여

폐비 윤씨뿐만 아니라, 인생 최고의 순간이 곧 최고의 위기 순간이 되고 말았던 사례는 역사 속에서 수없이 많이 등장한다. 폐비 윤씨처럼 후궁에서 왕비까지 오르며 권력에 정점에 올랐지만 역시 사약을 받고 생을 마감했던 장희빈, 유럽을 제패하며 황제까지 올랐지만 자신의 고집과 자만으로 러시아원정이 실패하며 권력이 무너지기 시작한 나폴레옹, 불패 신화의 주인공이라 불리며 월스트리트의 정점에 올랐지만 지나친 독단과 탐욕으로 인해 리먼 브라더스 사태를 자초하며 몰락해 버린 리처드 풀드 등등. 이것은 지난 과거의 일만이 아니다. 지금도 이런 비슷한 일들은 뉴스에서 쉽게 찾아볼 수 있다.

정점이 높을수록 그 아래의 낭떠러지도 깊고, 높이 올라갈수록 더 깊이 떨어지는 법이다. 내가 지금 정말 잘나가고 있고 무척 높이 올라와 있다고 느낀다면, 그만큼 많은 책임과 위험에도 노출되어 있다는 것을 명심해야 한다. 높이 올라갈수록 어떻게 더 높은 곳으로 올라갈까에만 궁리하지 말고, 어떻게 잘 내려올까에 대해서도 충분히 고민하고 준비하는 시간을 가져야 한다. 올라가는 것도 내려오는 것도 모두 우리 인생의 일부이며, 그 모든 것을 잘 해내야 비로소 성공적인 삶을 살 수 있기 때문이다.

자기성찰 없이 오로지 최고가 되겠다는 목표에만 몰두하면, 그렇게 이뤄 낸 최고의 순간조차 순식간에 최고의 위기 순간으로 돌변해 버리기 쉽다. 지금 잘나간다는 자만은 내 시야를 좁히고 더 멀리 내다보지 못하게 만든다. 폐비 윤씨도 왕비가 되겠다는 목표를 가졌고, 노력 끝에 마침내 그것을 이루었지만 그 이후의 삶은 제대로 준비하지 못했다. 그 결과 끊임없이 들려오는 경고음을 무시한 채 앞만 보고 달리다가 순식간에 닥쳐온 위기에 제대로 대응하지 못했고, 결국 잠시 누렸던 최고의 순간은 거품처럼 사라지고 말았다.

나는 무엇을 위해 인생을 살아가고 있는가? 또 어떤 목표를 위해 열심히 노력하고 있는가? 그 목표가 무엇이든 타인에게 피해를 주지 않는 한 충분히 존중받아야 한다. 다만 그 목표를 넘어서 어떤 삶을 살고 싶은가에 대해서도 돌아보는 시간을 반드시 가져야 한다. 인생의 순간순간 고비마다 닥쳐오는 위기를 잘 극복하고, 인생이란 산을 무사히 오르내릴 수 있는 힘은 바로 이러한 자기반성과 성찰, 그리고 지나친 욕심을 멀리하는 절제력에 달려 있다.

폐비 윤씨

당장의 선택이 실패해도
다음 선택을 기다릴 것

하공진

> "
> 진정으로 지혜로운 사람은 실패를 '결과'로 받아들이는 사람이 아니라, '과정'으로 받아들이는 사람이다.
> "

성명	하공진
생애	?~1011 (고려)
경력	압강도구당사, 중랑장, 상서좌사낭중
주요 이력	외교 사절로 왔던 여진족 추장들을 죽이는 사건을 벌여 거란의 고려 침공에 일부 원인을 제공했으나, 이후 거란과의 협상으로 자진 철수하도록 만드는 공을 세움.

실패를 겪었을 때

인생은 늘 선택의 연속이다. 마흔이 넘어도 선택해야 하는 순간은 여전히 많다. 오늘 먹을 점심 메뉴를 정하는 소소한 일도 선택이지만, 이직을 결정하거나 대출을 받아 집을 사는 것 같은 중요한 선택을 해야 할 때도 있다. 그때 과욕을 부리거나, 성급하게 내린 판단은 큰 실패로 이어질 수도 있다. 내 선택으로 인해 좋지 못한 결과를 마주하게 되면 후회가 밀려오기 마련이다. '그때 내가 왜 그런 선택을 했을까. 그때 다른 선택을 했다면 좀 더 나은 결과가 있지 않았을까.' 그런 생각이 나를 짓누른다. 언제나 최선의 선택을 하고 늘 성공적인 결과만 이어지면 참 좋겠지만, 아쉽게도 우리는 그렇게 완벽한 사람들이 아니다.

고려 때 무관이었던 하공진도 자신의 성급한 선택으로 인해 벌어진 결과를 바라보며 후회하던 사람 중 한 명이었다. 그 선택이 초래한 결과로 인해 고려는 급기야 국가적 위기까지 내몰리고 말았다. 하지만 결과적으로 하공진은 고려의 역적이 아니라, 대대로 추앙받는 충신으로 그 이름을 남겼다. 그의 잘못된 선택 이후에도 새로운 선택의 기회가 주어졌고, 그때는 제대로 선택을 했기 때문이었다. 그의 다음 선택은 무엇이었을까?

잘못된 선택과 행동으로 유배를 떠나다

하공진은 '고려 성종 때 압강도구당사(鴨江渡勾當使)가 되었다'는 구절과 함께 역사 기록에 등장한다. 압록강 일대를 관할하던 직위로 보이는데, 지금으로 치면 위관급 무관 정도였지 않을까 싶다. 목종 때는 중랑장(中郞將)[40]이라는 벼슬에 임명되었다는데, 왕이 아파서 누워 있는 비상 상황에서 궁궐을 호위하는 임무를 맡았다고 하니 꽤 신임받는 장수였던 것으로 보인다. 그런데 서경(평양)을 지키던 장수 강조가 쿠데타를 일으켜 현종을 새로운 왕으로 옹립하자 그의 편에 가담한다. 정권을 잡은 편에 섰으니 아마도 그의 앞날은 탄탄대로가 될 거라 예상했을 것이다. 하지만 그는 곧 멀리 유배당하는 신세가 되고 말았다.

예전에 하공진이 고려 북쪽 국경을 지키고 있었을 때 여진족을 공격했다가 패배한 일이 있었다. 문제는 정식으로 지시받고 나섰던 출정이 아니라, 자기 멋대로 군사를 이끌고 나갔다는 점이었다. 아마도 공을 세우고 싶은 욕심이 앞서서 그랬던 것으로 보인다. 그때 어떤 징계를 받았는지 기록에 남아 있지 않지만, 어쨌든 그 후 강조의 반란에 가담하면서 상서좌사낭중(尚書左司郎中)[41]이라는 벼슬에 오른다.

---

40 고려 시대 중앙군에서 장군 다음가는 계급인 정5품 무관직.

41 고려 시대 국가 행정을 총괄하던 중앙관청인 상서성의 정5품 관직.

그런데 하공진은 이때 또 한 번 크게 후회할 만한 사고를 치고 만다. 고려에 입조(入朝)[42]하려는 여진족 추장 일행 95명이 개경에 들어와 있었는데, 이들을 자기 멋대로 죽여 버린 것이다. 아마도 예전에 멋대로 여진 정벌에 나섰다가 참패했던 일을 무척 수치스럽게 기억하고 있다가, 그때 일을 복수하려 한 것으로 보인다. 하지만 다른 이유도 아닌 고려의 신하가 되겠다고 찾아온 사절단을 자기 마음대로 무참히 학살했다는 건 선을 넘어도 한참 넘은 행동이었다. 아마도 하공진은 넘쳐흐르는 혈기를 주체하지 못하는 인물이었던 것으로 보인다. 이 일로 인해 하공진은 유배를 떠나게 된 것이다.

그런데 이 사건의 여파는 여기서 그치지 않았다. 분노한 여진 사람들이 이 일을 당시 중국 패권을 노리는 신흥 강대국이던 거란에 일러바쳤고, 고려 침공을 위한 길 안내까지 협조하기로 한 것이다. 마침내 거란이 강조의 쿠데타와 목종 시해 사건을 핑계 삼아 침공해 오니, 제2차 여요전쟁의 시작이었다. 거란 황제가 40만 대군을 직접 이끌고 대대적인 침공을 해 오는 심각한 국가 위기가 닥치자 하공진도 유배에서 풀려나 장수로서 전쟁에 임한다.

---

42 낮은 신분의 군주나 사신이 더 높은 황제나 왕에게 찾아가 복종하고 보고하는 행위.

새로운 선택의 갈림길 앞에서

강조가 이끄는 고려군은 몇 차례 승리를 거두지만, 총사령관 강조가 방심하다 어이없게 사로잡혀 버리면서 대패를 당하고 만다. 수도 함락이 눈앞에 다가온 상황에서 국왕인 현종은 다급하게 남쪽 지방인 나주로 피난을 떠난다. 그리고 거란군의 거센 추격이 시작되었다. 쫓고 쫓기는 피 말리는 추격전이 벌어진 것이다. 바로 이때 현종 앞에 20명 남짓의 군사를 이끌고 나타난 장수가 있었으니, 하공진이었다. 그는 현종에게 이렇게 제안한다.

"거란은 역적 강조를 정벌한다는 핑계로 우리나라에 침공해 왔습니다. 하지만 이미 강조를 잡았으니, 지금 사신을 보내 강화를 제의하면 그들은 틀림없이 철퇴할 겁니다. 제가 직접 거란 황제에게 거짓으로 항복하면서 그들이 물러가도록 해 보겠습니다."

현종의 허락을 받은 하공진은 곧장 거란 황제가 있는 곳으로 향한다. 가는 도중 창화현이라는 곳에서 거란군 선봉대와 만나는데, 현종 일행과 불과 10리밖에 떨어져 있지 않은 곳이었다. 금세 왕이 사로잡힐 수도 있는 절체절명의 순간이었던 것이다. 이때 하공진이 기지를 발휘한다. 고려의 국왕이 어디 있냐는 거란군의 질문에 이미 강남으로 가셨고, 어디에 계신지는 자신도 모른다고 답한 것이다. 또

한 강남은 아주 먼 곳이며 이미 수천 리 밖으로 피했으니 따라잡을
수 없을 것이라 답한다.

하공진이 거짓말로 둘러댔지만 고려의 지리를 잘 알지 못했던 거
란군 선봉대는 고려왕이 이미 멀리 도망간 것으로 생각하고 추격을
포기한다. 절박한 위기에서 현종을 구한 것이다. 그리고 거란 황제에
게 현종의 항복문서를 건네면서 현종의 친조를 약속한다. 어차피 현
종을 잡을 수 없을 거라 판단한 데다 전쟁의 명분도 더 이상 없다고
여긴 거란군은 결국 철군을 결정한다. 하공진의 활약으로 고려는 극
적으로 엄청난 위기를 모면한 것이다.

실패 이후 찾아온 또 한 번의 선택

하공진은 여러 번에 걸친 잘못된 선택과 실수로 인해 큰 위기에
봉착하고 말았다. 그 실수는 심지어 고려 전체의 위기까지 초래했다.
그 자신도 나름 잘해 보려고 했던 행동이었을 텐데 이후 벌어지는
일들을 보며 정말 괴롭지 않았을까. 하지만 하공진의 선택은 이것으
로 끝이 아니었다. 오랜 시간이 지나지 않아 또다시 다음 선택을 해
야 하는 순간이 다가온 것이다. 별다른 호위 군사도 없이 피난 떠난
임금을 따라갈 것인지, 혹은 다른 신하들처럼 자신도 이대로 도망쳐
버릴 것인지. 하공진의 이번 선택은 임금을 지키는 것이었다. 더 나

아가 거짓 항복이라는 아이디어를 구상하고, 그것을 직접 실행하기 이른다. 이것은 신의 한 수가 되어 최악의 순간 직전까지 내몰렸던 고려를 위기에서 구하는 데 결정적인 역할을 한다. 하공진의 이번 선택은, 그 이전의 실수들까지 모두 멋지게 만회할 만큼 완벽한 선택이 된 것이다.

선택의 갈림길에서 결정을 내리는 하공진의 모습을 보며, 인생이란 늘 선택의 연속임을 다시 한번 깨닫는다. 그리고 그 선택이 언제나 좋은 결과만을 보장해 주는 것은 아니라는 사실 또한 함께 깨닫는다. 하지만 여기서 놓치지 말아야 할 중요한 사실이 하나 더 있다. 비록 최악의 선택을 했다 할지라도, 그 선택 이후에도 또 다른 선택의 시간이 어김없이 다가온다는 사실이다. 그리고 그 새로운 선택을 어떻게 하느냐에 따라, 앞선 실패까지도 얼마든지 만회할 수 있는 가능성이 열린다. 순간의 오판으로 인해 정말 뼈아픈 실패를 겪었다 할지라도, 이것이 곧 우리 인생 전부의 실패는 아님을 알아야 한다. 자신의 실수로 인해 만고의 역적으로 남을 뻔했지만, 그 한 번의 결정적인 선택 덕분에 위대한 영웅으로 역사에 이름을 남긴 하공진처럼 말이다.

우리의 인생은 단 한 번 사는 것이지만 엄밀히 말하면 단 한 번의 죽음이 있는 것일 뿐 그 죽음이 오기 전까지 우리의 삶은 계속된다. 그 과정에서 누구나 실수하거나 실패할 수 있다. 하지만 그 실패 이후에도 우리의 삶은 계속되며, 새로운 갈림길은 계속해서 나타난다. 진정으로 지혜로운 사람은 실패를 '결과'로 받아들이는 사람이 아니라, '과정'으로 받아들이는 사람이다. 지난 갈림길에서의 실수를 성장의 자양분으로 삼고, 이번에는 어떤 선택을 내릴지 다시 집중할 뿐이다. 그리고 어쩌면 앞선 그 실패 덕분에 이번에는 훨씬 더 훌륭한 선택을 하게 될지도 모른다. 더구나 우리는 아직도 살아가야 할 시간이 많이 남아있고, 그만큼 기회도 많이 남아있는 40대가 아닌가. 실패는 영원하지 않고, 기회는 반드시 다시 온다. 그리고 그 기회를 살리는 건, 지난 실패가 아니라 실패를 딛고 다시 일어서는 지금의 용기에 달려 있다.

생각해 보기

1. 최근에 했던 잘못된 선택은 무엇이었고, 그로 인해 무엇을 배웠는가?

2. 실패를 경험한 후 나는 어떤 방식으로 그 상황을 대하는가? 회피하는가, 마주하는가?

3. 실패 이후 다시 찾아온 선택의 기회에서 나는 과거의 실수를 얼마나 잘 반영하고 있는가?

하공진

나는 심온이라 하오. 세종대왕의 장인이었으며, 한때 조정의 가장 높은 벼슬인 영의정 자리에 올랐던 사람이지요. 잠시 내 이야기를 한번 들어보겠소?

태조대왕이 조선을 건국하기 직전 위화도회군을 하셨을 때 책봉하신 9명의 공신 가운데 한 사람이 바로 내 부친이신 심덕부 공이셨소. 또 나의 형은 태조대왕의 둘째 따님이신 경선공주의 남편이셨지. 우리 가문은 조선 건국에 큰 공을 세운 공신 가문이고, 그만큼 왕실과도 매우 가까웠다오. 거기에 내 딸도 세종대왕에게 시집을 보내어 나는 조선의 국구(國舅)[43]가 되었고, 나의 부인 민씨는 변한국대부인(卞韓國大夫人)[44]이라는 봉함도 받았습니다. 태종대왕은 세종대왕에게

---

43 왕비의 아버지.

44 국대부인(國大夫人): 왕실 여성을 제외한 지배층 여성에게 내려진 가장 높은 칭호.

왕위를 선위하시고 상왕으로 계셨는데, 나를 친히 만백관을 통솔하는 영의정 자리에 임명하셨지요. 그때 태종대왕은 이렇게 말씀하셨소.

"심온은 국왕의 장인이니 그 존귀함이 비할 데 없으니, 마땅히 영의정이 되어야 할 것이다."

그리고 나를 사은사(謝恩使)[45]로 임명하여 명나라에 보내셨습니다. 갓 임금에 오른 왕의 장인이자, 영의정인 내가 중국 사신으로 떠난다는 말이 전해지니, 많은 사람들이 나를 전송하려고 나왔지요. 훗날 이때의 일을 기록한 〈세종실록〉에는 이렇게 적혀 있더이다.

"심온은 임금의 장인으로 나이 50이 못 되어 수상의 지위에 오르게 되니, 영광과 세도가 혁혁하여 이날 전송 나온 사람으로 장안이 거의 비게 되었다."

아마 이때였던 것 같구려. 태종대왕께서 나에게 강한 의구심을 품으셨던 것이. 나중에 《연려실기술》이라는 책을 쓴 저자는 이렇게 썼더군요.

---

45   명나라의 은혜에 보답하고자 보낸 임시 사절.

"심온이 명나라에 사신으로 갈 때 전별하는 벼슬아치들의 가마가 한양을 덮을 정도의 위세가 당당했다. 상왕이 이를 듣고 기뻐하지 않았다."

만백관을 통솔하는 영의정이 되고, 사은사로 가게 되어 수많은 인파가 몰려나와 나를 전별하던 그 순간. 어찌 기분이 좋지 않았겠소. 또 이 사신 임무를 잘 마무리하고 돌아와서 영의정으로서 많은 업적을 남기고, 나이가 들어서는 외손주가 다음 보위에 오르는 미래도 내 잠시 상상해 보았지요. 어찌 내 마음이 기쁘지 않았겠습니까. 그런데 세상일이라는 것이, 인간사라는 것이 어찌 이리도 한 치 앞을 내다볼 수 없고, 이다지도 가혹한 것이란 말이오. 명나라에서 돌아와 압록강을 건넜을 때 나를 마중 나온 이들은 나를 전송했던 수많은 벼슬아치들 인파가 아니라, 군사들이었소. 나는 조선을 떠나올 때와는 정반대의 모습으로, 오라를 받은 채 끌려가야만 했지.

병조참판 강상인이 군사 보고를 태종대왕께 먼저 하지 않았다는 죄목으로 반역죄에 몰린 일이 있었소. 그런데 내가 명나라에 가 있던 사이 그가 참혹한 고문을 견디지 못하여 결국 또 다른 반역자를 입에 올렸지요. 바로 내 이름, 심온이었소. 어쩌면 태종대왕께서는 처음부터 외척인 내가 큰 권력을 얻어 왕권을 위협할지도 모른다는 생각을 하신 것 같소. 나를 전송하러 나온 그 수많은 인파를 보고 그 생각이 확고해지신 것이지. 결국 나는 대역죄인이 되어 사약을 받고 말았다오.

그때 내 마음이 더 찢어진 것은, 내 부인과 딸들이 하루아침에 천인으로 강등당하고 관노비로 전락했었다는 사실일세. 나중에 천인에서 벗어나기는 하지만, 아무 죄도 없이 8년이나 천인으로 살아야 했다는 말이오. 이 모든 일이 내가 영의정에 임명되었던 뒤로부터 불과 3개월 만에 일어났던 일이었지요. 이때 내 나이가 몇 세였는지 아는가? 마흔네 살이었소.

모든 일이 지나고 나서 다시 생각해 보면, 내가 갑작스럽게 영의정이 된 것도, 사은사가 된 것도 태종대왕께서 정말 나를 적임자로 보아 임명하셨던 것일까 그런 생각이 듭니다. 그분께서는 왕권에 위협이 된다면 생사고락을 함께한 측근들도, 가까운 처남들도 하루아침에 숙청해 버리는 것을 주저하지 않으셨던 냉정한 분이셨지. 그런 그분이 외척인 나를 영의정에 임명하실 때는, 뭔가 다른 뜻이 있는 것은 아닌가 더 주의하고 조심해야 했소. 세종대왕께서 세자가 되셨을 때 나는 이런 말을 한 적이 있었지.

"지금의 사대부들이 나를 보면 모두 은근한 뜻을 보내니, 내가 심히 두렵습니다. 마땅히 손님을 사절하고 조용히 여생을 보내야 되겠습니다."

이 말을 태종대왕이 전해 듣고 매우 옳게 여기셨다고 하네. 내가 이 말을 마음속에 끝까지 잘 담아 두고, 그 큰 권력이 나에게 다가올 때 지혜롭게 사양하고 은거했더라면 어땠을까. 내가 말했던 대로 아부하러 오는 자들을 모두 사절하고 조용히 여생을 보내고자 했다면 어땠을까. 일이 그 지경이 되고 나서야 그런 후회가 몰려왔소.

이 편지를 읽고 있는 그대의 나이도 이제 마흔을 넘었다지요. 내가 세상을 떠났던 그즈음의 나이를 살고 있는 그대에게 꼭 전하고 싶은 말이 있소. 내가 영의정에 올랐을 때 사람들은 나를 세상에서 가장 영예로운 자리에 오른 이라 여기며 부러워하였지요. 하지만 그 영예는 오래가지 못했소. 불과 석 달 만에 그 모든 것이 무너져 내렸고, 마흔넷의 나이에 세상을 등지고 말았소. 돌이켜보면, 그런 출세만이 인생의 유일한 참된 길은 아니었음을 뼈저리게 깨닫습니다. 벼슬은 높았으되 마음은 늘 불안하였고, 권세는 크되 두려움은 더 깊어졌지요. 내가 잘나갈 때 수많은 이들이 나의 높은 권세를 따랐지만, 그 높은 자리와 명성이 나를 끝까지 지켜 주지는 못하였습니다.

사십을 사는 그대여,

혹여 남들 앞에서 인정받는 성공만을 좇지 마시오. 세상 사람들이 모두 탐하는 그 자리가 반드시 내 삶을 지켜 주는 것도, 참된 행복을 가져다주는 것은 아니라오. 그 높은 자리에 올랐던 기쁨보다, 내 아내와 딸들이 노비 신세로 전락하는 것을 지켜보아야만 했던 고통이 몇천 배, 몇만 배였다네. 그대 곁에 있는 가족, 그대가 지켜야 할 삶의 자리, 그리고 별일 없는 하루 속에서 나누는 웃음과 평범한 기쁨이야말로 가장 값진 보배요, 권세보다 귀한 행복임을 잊지 마시게. 나는 남편으로서, 아비로서 지켜야 할 자리를 잃고 난 뒤에야 깨달았습니다. 임금의 장인이라는 지위보다, 영의정이라는 명예보다도 더 소중한 것은 내가 사랑하는 이들과 함께 웃으며 행복한 시간을 보내는 그 한순간 한순간이라는 사실을.

그대에게 바라오.

부디 내 삶을 거울로 삼아 주시게. 비록 내 나이 사십은 생의 끝이 되고 말았지만, 그대의 나이 사십은 새로운 길을 여는 시작이 되기를 바라오. 흔들림 없는 단단한 마음으로 그대가 지켜야 할 사람들을, 그리고 그대 자신을 굳건히 잘 지켜 내길 바라네. 남들이 바라는 삶이 아니라, 그대가 진정으로 원하는 행복을 찾아가시게. 그 길이야말로 그대를 참으로 빛나는 인생으로 이끌어 줄 것이외다.

마흔에 읽는 한국사

초판 1쇄 발행　　2026년 4월 15일

지은이　　　　신동욱
펴낸이　　　　박영미
펴낸곳　　　　포르체

책임편집　　　임혜원
마케팅　　　　정은주 민재영
디자인　　　　엄진욱

출판신고　　　2020년 7월 20일 제2020-000103호
전화　　　　　02-6083-0128
팩스　　　　　02-6008-0126
이메일　　　　porchetogo@gmail.com
인스타그램　　porche_book

ⓒ 신동욱(저작권자와 맺은 특약에 따라 검인을 생략합니다.)
ISBN 979-11-94634-89-8 (03910)

여러분의 소중한 원고를 보내주세요.
porchetogo@gmail.com